Sparda-Kochbuch

Sommer Menüs

Lehnert Verlag

Sommer Menüs

Rezepte und Glossen aus dem Saarland

Ergebnisse des Rezeptwettbewerbs
der Sparda-Bank Saarbrücken eG
mit SR 3 Saarlandwelle

Herausgeber:
Sparda-Bank Saarbrücken eG
in Zusammenarbeit mit
AWIKU Gesellschaft für
Wirtschafts- und Kulturkontakte
Gerhard Bungert und Gisela Oswald GdbR
Kleinblittersdorf

Lehnert Verlag
Altneugasse 16
D-66117 Saarbrücken 1
Telefon (06 81) 55 1 55
Telefax (06 81) 55 5 86
und im
Medienzentrum Wintringer Hof
D-66271 Kleinblittersdorf
Telefon (0 68 05) 21 504
Telefax (0 68 05) 31 68

ISBN 3-926320-34-6

Lektorat:
Hubert Immesberger
Textbeiträge:
Gerhard Bungert und Birgit Mestmäcker
Redaktionelle Bearbeitung der Rezepte:
Thomas Gottschau
Layout und Illustration:
Claudia Lehnert und Charly Lehnert

Fotos:
Gerhard Heisler, Charly Lehnert,
Rolf Ruppenthal, Julius C. Schmidt,
SR-Pressestelle

Satz:
SaTec GmbH, Saarbrücken
Druck:
Saarbrücker Druckhaus, Saarbrücken   Saarbrücken, Juni 1993

Aus dem Inhalt:

Vorwort 7-10

Essen im Sommer:

Da haben wir den Salat 13-15

Erst das Dressing
kleidet den Salat 15

Salz – es geht nicht ohne 17

„Rosmarin und Thymian
wächst in unserm Garten" 19

Die wichtigsten frischen
Kräuter und ihre Verwendung 20-21

Tips für den Umgang mit Kräutern ... 21

Freizeitspaß mit Genuß –
Sommerzeit ist Grillzeit 23

So könnte es angefangen haben 24

Der heiße Stein –
keine Erfindung der Neuzeit 25

Er darf bei keinem
Grillfest fehlen – der Senf 26

Schon zum Frühstück geht es los 27

Der Idar-Obersteiner Spießbraten 27

Gerhard Bungert:
„Mitenanner schwätze unn genieße" 29-30

Man geht nach Frankreich essen 31-32

So konsumiert eine
einflußreiche Minderheit 33-34

Der Knoblauch –
ein Einwanderer aus dem Osten 35

Öl ist nichts anderes
als gespeicherte Sonnenenergie 36

Die Sieger—
Sommer-Menüs:

1. Menü .... 39 - 40
Gurkenspüppchen
Entenbrust auf Schalotten-Cassis-Soße
Saarwein-Granité

2. Menü .... 41 - 42
Würzige Gemüsesülze
Lammkoteletts in Kiwisoße
Marinierte Heidelbeeren
mit Vanilleeis

3. Menü: .... 44 - 45
Salat aus Meeresfrüchten
Heilbutt-Filet „en croute"
Beschwipste Melönchen

4. Menü .... 46 - 47
Crème de tomates
Lammbraten mit Minzekruste
Pfirsich-Melonen-Parfait

5. Menü .... 48 - 49
Pikante Kaltschale
Putenbrustfilet samtig
Sommerfrische

6. Menü .... 50 - 51
Suppe „Flirt mit dem Sommer"
Bootsauflauf und Salatblüte
Kleine Saarwellen

7. Menü .... 53 - 54
Frische Möhrensuppe
Schweinefilet in Bratwurst-Teig
Rote Grütze

8. Menü .... 55 - 56
Rahmsuppe von frischen Gartenkräutern
Hähnchenbrust
Erdbeercreme auf Mangoquark

9. Menü .... 57 - 58
Gemüse-Lasagne mit Lachs
Gefüllte Schweine-Lende
Pfirsich-Halbgefrorenes

10. Menü .... 59 - 61
Fruchtige Tomatensuppe
Kaninchen in Sahnesoße
Eiskalter Grießflammeri

11. Menü .... 62 - 63
Wirsing-Kuchen mit Krebsen
Entenbraten
Apfelgratin mit Vanilleeis

12. Menü .... 64 - 65
Krabben-Melonen-Salat
Curry-Huhn mit Koriander
Beeren-Melone

13. Menü 66-67

Knoblauchsuppe
Schinken-Käse-Filet
Melonen-Walderdbeer-Dessert

14. Menü 68-69

Soufflé von Jakobsmuscheln
Lammnüßchen „Mandelbachtal"
Halbgefrorenes von frischen Erdbeeren

15. Menü 70-71

Kerbelsuppe mit Gerste
Salat-Teller „Sommerfrische"
Gefüllte Melonen

16. Menü 72-73

Salat Biniou
Lachs im Kräutermantel
Profiterole

17. Menü 74-75

Bunte Salat-Spieße
Lyoner im grünen Nest
Kirschen-Joghurt-Schnitte

18. Menü 76-77

Krabben-Cocktail
Rindersteaks in Pfefferrahm-Soße
Vanille-Eis mit heißen Himbeeren

19. Menü 78-79

Gefüllte Rigatoni
Kaninchenrücken
Beeren-Gelee mit Amaretto-Sabayon

20. Menü 80-81

Sommer-Salat-Teller
Pfeffer-Filet
Frische Beeren der Saison
mit Weinschaumsoße

21. Menü 82-83

Herrensüppchen
Sommersonnen-Pastete
Waffeln Bella Sofia

22. Menü 84-85

Sauerampfer-Rahmsuppe
Hähnchenbrüste im Schweinenetz
Rhabarber-Sahne-Torte

23. Menü 86-87

Birnen mit Krabben-Salat
Schweinemedaillons in Calvados
Mandarinen mit Marzipansoße

24. Menü 88-89

Gurkensuppe
Putenbrust mit Apfel-Möhren-Gemüse
Limetten-Parfait

25. Menü 90-91

Kalte Tomatensuppe mit Basilikum
Schweinekoteletts mit Honig
Marinierte Beeren mit Zimt-Zabaione

26. Menü 92-93

Pfifferling-Suppe mit Schinkenspeck
Geschmorte Lammkeule in Pernod-Sauce
Beschwipste Früchte mit Vanille-Eis

27. Menü 94-95

Weinsuppe mit Sahnehaube
Seezunge mit grünen Nudeln
Rhabarbermus

28. Menü 96-97

Paprika-Salat
Büffelfleisch
Eisbecher Mallorca

29. Menü 98-99

Geflügel-Salat
Schweinefilet und Exoten-Pfanne
Joghurt-Quark mit Früchten

30. Menü 100-101

Sauerampfer-Suppe
Putenschnitzel mit Naturreis
Erdbeermilch mit Vanille-Eis

5

wir Saarländer sind nun mal Genießer - ein offenes Geheimnis, das in diesem Kochbuch wieder seine Bestätigung findet. Im kulinarischen Bereich sind wir äußerst kreativ und setzen auf alles, was natürlich und gut ist. Das ist "eine Bank", und darauf kann man setzen.

Apropos Bank. Ein Geldinstitut beschäftigt sich normalerweise ja nicht mit Cordon bleu und Rinderfilet. Da geht es eher um die Voraussetzungen des Genießens. Aber gerade deshalb liegt uns die Einstellung der Menschen zu den Lebensfreuden am Her-

zen. Die Sparda-Bank Saarbrücken eG ist ein "Finanzdienstleister", also ein Institut, das mit seinen Dienstleistungen seinen Kunden dient. Diese wiederum lassen sich nicht auf Begriffe wie "Sparer", "Depotinhaber" oder "Kreditnehmer" reduzieren. Wir sind alle Menschen aus Fleisch und Blut, mit Stärken und Schwächen, und eine der bekanntesten Schwächen der Saarländerinnen und Saarländer ist bekanntlich das gute Essen.

Dies zeigen nicht zuletzt die Ergebnisse des Rezeptwettbewerbs, den die Sparda-

Manfred Sexauer, Friedrich Hatzenbühler und Ilmar Schichtel

7

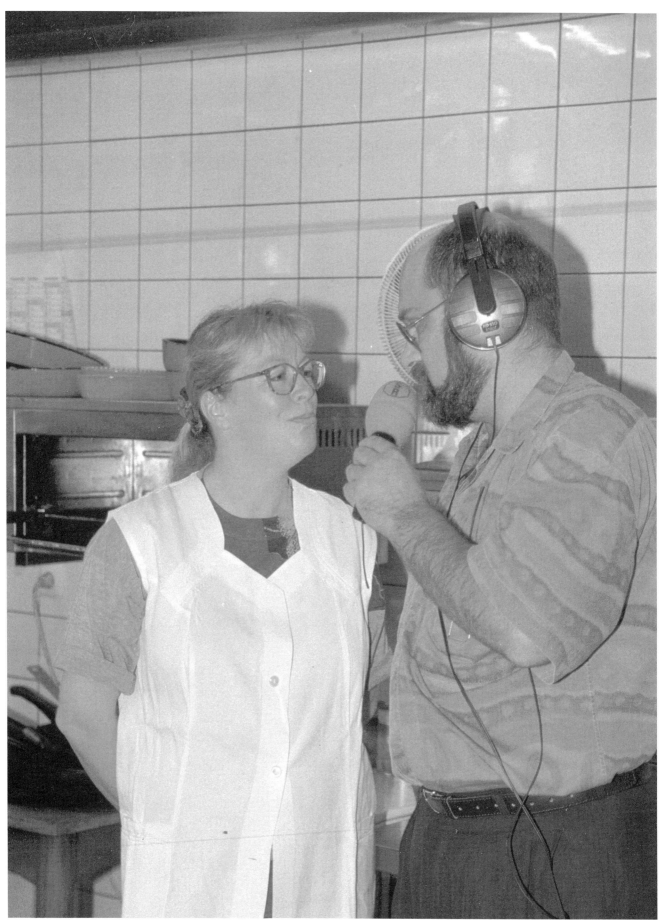

Marion Maak Gettmann und Bernhard Stigulinszki

Bank Saarbrücken eG gemeinsam mit SR 3 Saarlandwelle durchführte. Es war der erste Rezeptwettbewerb, aber nicht der letzte. Darin waren sich die Initiatoren sofort einig: Friedrich Hatzenbühler, Dr. Franz-Josef Reichert, Manfred Sexauer, Rolf Ganz und die vielen anderen Mitarbeiter des Saarländischen Rundfunks, die tatkräftig den Wettbewerb unterstützten. Jede Jahreszeit sollte einmal drankommen, also: Kochen im Frühling, Sommer, Herbst und Winter. Den "kulinarische Dialog" mit den Jahreszeiten beginnen wir im Sommer. Danach folgen im Zweijahresrhythmus der Herbst, der Winter und der Frühling.

Die Rezepte liegen nun in gesammelter Form vor. Wie gesagt: es sind Sommer-Rezepte. Die Saarländerinnen und Saarländer bestätigten mit ihrer regen Teilnahme, was ohnehin schon viele wissen: sie verstehen nicht nur etwas vom Genießen, sondern können auch kochen. Daß sie dabei schon mal in die Töpfe des Nachbarn schauen, läßt sich an manchen Sommer-Menüs unschwer erkennen. Der französische Einfluß ist der saarländischen Küche sehr gut bekommen. Zumal die volkstümliche saarländische Küche erhalten geblieben ist, die selbst von kritischen Feinschmeckern wie Wolfram Siebeck bereits mehrmals gelobt wurde.

Beides – die französische Haute Cuisine und die saarländische Kochkunst – passen gut zusammen. Sie ergänzen sich und basieren auf denselben Grundlagen. Naturbelassene, frische Lebensmittel aus der Region werden bevorzugt. So kann das Einfache oft zum Besonderen werden. "Mausohrsalat (Feldsalat) mit Speck" zum Beispiel gibt es in Variationen oder in Kombination mit anderen Salatsorten mittlerweile in vielen guten Restaurants.

Das Motto des Rezeptwettbewerbs hätte auch lauten können: "Leben wie Gott - im Saarland". Die Bandbreite der angebotenen

Bernhard Stigulinszki, Bernhard Michael Bettler (Villa Fayence in Wallerfangen) und Marc Bouzon

Speisen reicht von traditionellen Rind-, Kalb- und Schweinefleischgerichten über klassisch-französische Spezialitäten bis hin zu ausgefallenen Kreationen. Alle beweisen aber, daß ambitionierte Köche am Werk sind, denen das Kochen ein ausgesprochenes Vergnügen bereitet. Viele verwenden bei der Zubereitung saisonale Rohstoffe - ein wichtiges Kriterium für Spitzenköche.

Ein Buch also zum nachlesen und nachkochen. Die kurzen Glossen zu kulinarischen Sommerthemen sind mehr als die Garnitur. Sie zeigen, daß es im Saarland keine strikte und ungesunde Trennung zwischen Kultur und Kulinarischem gibt. Und darauf können wir alle stolz sein.

Saarbrücken,
Sommer 1993

Ilmar Schichtel
Sparda-Bank Saarbrücken eG

(v. l. n. r.): Holger Gettmann, Ilmar Schichtel, Manfred Merll (Hotel Merll-Rief, Merzig), Dr. Franz-Josef Reichert, Bernhard Stigulinszki und Gerhard Bungert

Essen im Sommer

Nach dem ersten Kalender der alten Ägypter hatte ein Jahr nur drei und nicht wie heute vier Jahreszeiten. Da gab es die "Zeit der Überschwemmung" von Mitte Juni bis Mitte Oktober, den Winter als die "Zeit der Aussaat" von Mitte Oktober bis Mitte Februar, und es gab die "Zeit der Ernte" von Mitte Februar bis Mitte Juni. Dieser letzte Abschnitt galt als Sommer. Wie gut, daß diese Art der Zeitrechnung in den folgenden Jahrhunderten noch oft reformiert wurde und wir heute mit unserem Kalender recht zufrieden sein können. Schließlich sind in unserem Sommer wesentlich wärmere Temperaturen und überhaupt ein angenehmeres Wetter zu erwarten, als es in dem frühen Sommer der alten Ägypter der Fall gewesen sein muß.

Und gerade diese höchsten Temperaturen des Jahres, die zahlreichen Sonnenstunden und manchmal auch die Hitzewellen führen dazu, daß man überhaupt auf die Idee kommt, ein Kochbuch ausschließlich mit "Sommerrezepten" zu verfassen. Denn während des Sommers ändern sich die Gewohnheiten von vielen Menschen ganz gewaltig. Es zieht uns hinaus ins Freie, man wird aktiver und kaum jemand hat Lust, stundenlang daheim in der Küche zu stehen. Klar, daß sich dadurch auch die Eßgewohnheiten ändern. Essen im Sommer, das ist eben etwas ganz anderes als die Mahlzeiten im Herbst oder Winter. Wie kaum in einer anderen Jahreszeit verbindet sich das Essen im Sommer mit einem ganz besonderen Lebensgefühl.

Da haben wir den Salat

Das haben sich sicher schon viele gedacht, als sie nach einem langen und kalten Winter zum ersten Mal wieder ihre Badehose oder ihren Badeanzug angezogen haben. Die vielen Feiertage der vergangenen Monate haben deutlich ihre Spuren hinterlassen und man hätte vielleicht trotz Eis und Frost, Regen und Schnee mal öfter einen Spaziergang machen sollen. Jetzt ist es zu spät und der Bauchansatz nicht mehr zu übersehen.

In dieser Situation kriegen viele Menschen wieder ein - alljährlich wiederkehrendes - ganz neues Körpergefühl. Sie besorgen sich Springseile und Hanteln oder sie joggen täglich durch den Wald. Das Fahrrad wird endlich wieder repariert und das Auto bleibt in Zukunft in der Garage. Statt sich abends vor den Fernseher zu setzen, geht man noch auf einen Sprung ins Fitneßstudio oder spielt mit dem Nachbarn Federball auf der Straße vor dem Haus. Alles natürlich um die alte Wunschfigur so schnell wie möglich wiederzubekommen. Dabei ist immer mehr Menschen klar, daß auch eine gesunde Ernährung dazu gehört, wenn man fit sein will. Und da man in der heißen Jahreszeit auch nicht immer Lust auf ein warmes, schweres Essen hat, hat jetzt vor allem eine

Speise wieder Saison: Salat. Er steigt für viele von der einfachen Beilage zum Hauptnahrungsmittel auf. Denn Salat hält fit. Er ist leicht und gesund, liegt also nicht schwer im Magen und macht dennoch satt. Denn man kann viel davon essen. Salat hat nur wenig Kalorien. Nach einem knackigen Salat kann man seine Runden im Freibad oder mit dem Fahrrad auf jeden Fall leichter drehen, als nach einer Schweinshaxe mit Kartoffelbrei und Kraut. Kein Wunder, daß es mittlerweile ein so reichhaltiges Angebot an Salatsorten gibt. Längst hat der gute alte Kopfsalat Konkurrenz bekommen. Vielfalt ist die Devise. Da gibt es Batavia-, Eichblatt- oder Eisbergsalat, Chicorée, Frisée und Lollo Rosso, Endivien- und Feldsalat stehen ebenso auf den Speisekarten wie Radicchio und Romana. Es ist offensichtlich - bei einer gesunden Ernährung darf Salat einfach nicht fehlen. Denn vor allem Blattsalate enthalten zahlreiche Vitamine, Mineralstoffe, Spurenelemente und Balaststoffe, die jeder Mensch braucht. Auch im Sommer.

Übrigens - Salatesser befinden sich in historischer Gesellschaft. Obwohl unsere Vorfahren dieses Nahrungsmittel noch aus anderen Gründen zu sich nahmen. So galt Salat im römischen Kaiserreich bei weitem nicht als Fitmacher. Ganz im Gegenteil. Es ist überliefert, daß der römische Kaiser Tiberius Salat gegessen haben soll, um besser schlafen zu können. Und bei Kaiser Augustus waren es medizinische Gründe. Ihm wurde der Genuß von Salat gegen sein Leberleiden verordnet. Wie dem auch sei, auch nach 2500 Jahren hat der Salat nichts von seiner Popularität verloren. Heute gehört Salat ganz einfach dazu. Und viele neue Züchtungen konnten mittlerweile sogar vormals große Salatmuffel überzeugen

Erst das Dressing "kleidet" den Salat

Ein Salat ohne Dressing ist wie eine Suppe ohne Salz. Ziemlich fade und langweilig. Erst das Dressing macht einen Salat so richtig salonfähig, "kleidet" ihn. Denn "Dressing" heißt nichts anderes als "anziehen". Ob süß oder sauer, flüssig oder sahnig, ob leicht oder schwer, die Auswahl an Dressings ist groß. Und sie kann um so größer werden, je größer die Fantasie der Köchin oder des Kochs ist.

Für welches Dressing man sich auch entscheidet, die Basis der meisten Dressings bilden Essig, Öl und Gewürze. Wichtig bei der Zubereitung des Dressings: Je kräftiger der Essig ist, desto milder sollte das Öl sein. Und für das Würzen gilt: Sparsam mit Kräutern und Gewürzen umgehen! Zu fast allen Salaten passen natürlich am besten frische Kräuter. Bevor man das Dressing an den Salat gibt, sollte man Geduld walten lassen. Also - immer rechtzeitig anrühren und einige Zeit ziehen lassen.

Es gibt drei verschiedene Arten von Dressings: Da sind die aromatischen Dressings, die sogenannten mächtigen und die sahnigen Dressings. Das bekannteste Dressing aus der aromatischen Gruppe ist sicher die Vinaigrette. Diese Essig-Öl-Soße, die man für alle Blattsalate verwenden kann, ist mittlerweile schon so etwas wie ein Klassiker. Für die Vinaigrette nimmt man zuerst einen Teil Essig, in dem man Salz verrührt.

Dann kommen die anderen Kräuter und Gewürze und erst am Ende zwei Teile Öl hinzu. Die mächtigen Dressings nennt man so, weil meistens Mayonnaise die Grundlage bildet. Solche Dressings kann man kräftig würzen, mit Kräutern und Zwiebeln, Knoblauch, Senf und Curry, aber auch mit Tomaten und Meerrettich. Ihre Fantasie ist gefordert. Sahnige Dressings sind leichter. Mayonnaise hat hier nichts zu suchen. Stattdessen nimmt man zum Beispiel Joghurt, Dickmilch, saure Sahne oder Crème fraîche. Aber für das Würzen gilt dasselbe wie für die Dressings aus der mächtigen Gruppe: Kreativität verspricht Erfolg! Besonders geeignet sind frische Kräuter, Knoblauch und Zwiebeln. Salat mit frischen Kräutern und einem fantasievollen Dressing machen jedes Sommer-Menü zu einem ganz besonderen Ereignis.

Salz – es geht nicht ohne

Nicht immer konnte man Salz für ein paar Pfennige das Pfund beim Händler kaufen. Früher war Salz ein ausgesprochen kostbares Gut. Das wußte auch der Chemiker Justus von Liebig, der von unserem wichtigsten Gewürz sagte: "Salz ist unter allen Edelsteinen, die uns die Erde schenkt, der Kostbarste." Auch für die alten Römer war Salz nicht nur einfach ein Gewürz. Das wird in einem alten römischen Ausspruch deutlich. Damals verdiente man nicht sein tägliches Brot, die Römer mußten "für das tägliche Salz arbeiten". Und bei den Germanen? Da waren die Salzquellen sogar heilig. Im Mittelalter glaubte man an Wunderkräfte des Salzes. Salz wurde eingesetzt, um Hexen zu vertreiben. Und noch heute ist Salz ein so wichtiges Gewürz, daß man kaum eine Küche findet, in der es nicht seinen Stammplatz hätte. Und bei allem Realismus der modernen Gegenwart haben auch wir uns ein wenig Brauchtum erhalten. Zum Einzug ins neue Heim verschenken wir Brot und Salz. Damit niemals der Hunger in dieses Haus einkehrt.

Salz ist lebenswichtig. Ohne das Kochsalz mit seinem wichtigen Bestandteil Natriumchlorid würden wir ganz einfach vertrocknen. Denn der Körper kann nur mit Hilfe von Natrium Wasser binden. Gleichzeitig braucht er Salz, um Flüssigkeit auszuscheiden. Da aber der Organismus über die Nieren und gerade im Sommer durch das Schwitzen Salz und Wasser verliert, muß beides ständig wieder zugeführt werden. Und dennoch weiß jeder - auf das richtige Maß kommt es an. Wer nicht zur Salzsäule erstarren will, der denkt daran, daß auch hier gilt: Allzuviel ist ungesund.

Salz war schon immer ein wirksames Gewürz zur Konservierung von Lebensmitteln. So bedeutet zum Beispiel "Marinieren" laut Wörterbuch "in Meerwasser einlegen". Und Meerwasser, das weiß jeder, ist salzig. Das Verfahren des Marinierens wendete man früher in Küstenregionen an, um Fisch haltbar zu machen. Diese alte Konservierungstechnik hat sich nicht nur bis in die heutige Zeit gehalten, sie wurde auch auf Gemüse und Fleisch ausgedehnt. Vor allem für Fleisch zum Grillen eignen sich Marinaden besonders. Denn das Grillgut gewinnt so nicht nur an Geschmack und Zartheit, es wird auch vor Qualitätsverlust geschützt.

Zwar sind marinierte Lebensmittel länger haltbar, aber dennoch dienen Marinaden heute weniger der Konservierung als der Geschmacksverfeinerung. Man unterscheidet zwei Formen der Marinade. In die sogenannten Augenblicksmarinaden legt man das Fleisch nur etwa 15 bis 30 Minuten ein. Die Basis für eine solche Marinade ist natürlich kein Meerwasser mehr. Heute rührt man diese Marinaden im wesentlichen aus Öl, Kräutern und Gewürzen, aber auch mit Senf und anderen würzenden Zutaten an. Die zweite Art sind Marinaden, in denen Fleisch oder Wild tage- oder sogar wochenlang liegen. Sie werden meist mit Weiß- oder Rotwein, Essig, manchmal auch mit Milch gemacht. Das Fleisch wird durch das lange Marinieren mürber, d.h. zarter. Zum Würzen gibt man z.B. Pfeffer, Salz, Wacholderbeeren, Lorbeer und Zwiebeln hinzu.

Auch zum Pökeln braucht man Salz. Erfunden hat das Pökeln ein Holländer. Sagt man. Zumindest leitet sich von dessen Name die Bezeichnung ab. Der Fischer Willem Beukelz (sprich "Bökelz") erfand im 14. Jahrhundert ein Verfahren, mit dem er seine Fische haltbarer machen konnte. Er legte sie in einer Salzbrühe oder Salzlake ein, eben in Pökel. Auf Englisch heißt Pökel übrigens 'pickle'.

Heute würde Willem Beukelz staunen, was aus seiner Erfindung geworden ist. Und wie gut Fische schmecken - mit heutigen Pökelverfahren konserviert. Denn längst ist Pökeln mehr als Salzen. Heute wird Fisch und Fleisch durch das Pökeln nicht nur haltbar gemacht, sondern auch im Geschmack verfeinert. Durch die Beigabe unterschiedlicher Gewürze erreicht man eine Vielfalt an Geschmacksvariationen. Tja, wenn Willem Beukelz wüßte, was aus seiner Erfindung geworden ist. Wie erstaunt wäre er, könnte er an einer Metzgertheke die reichhaltige Auswahl an vielfältigen Pökelwaren sehen. Dann würde er sich wahrscheinlich im sprichwörtlichen Grabe herumdrehen - weil es zu seiner Zeit immer nur Salzhering gab ...

"Rosmarin und Thymian wächst in unserm Garten"

So beginnt ein Kinderlied aus der angeblich so guten alten Zeit. Kräuter scheinen also immer schon beliebte Würzzutaten gewesen zu sein. Aber - auch wenn unsere Vorfahren Rosmarin und Thymian in ihren Gärten hatten, in die Küche gelangten diese Kräuter selten. Damals wurden sie zu ganz anderen Zwecken eingesetzt, denn Rosmarin und Thymian galten in früheren Zeiten als empfängnisverhütende Mittel. Nur vor diesem Hintergrund kann man verstehen, daß die Nachbarn sich hinter vorgehaltener Hand einiges zuflüsterten, wenn man Rosmarin und Thymian in seinem Garten angepflanzt hatte. Denn wer sich die Mühe machte, diese beiden Kräuter anzupflanzen, galt als sexuell erfahren.

Und auch für die Römer hatten viele Kräuter noch nichts mit Kochen zu tun. Für sie war zum Beispiel Rosmarin das geheiligte Kraut der Liebe und Treue. Basilikum sollte der Erotik auf die Sprünge helfen und Kerbel war für die Fruchtbarkeit zuständig.

Und Salbei, ja Salbei war sogar ein ganz besonderes Kraut. Angeblich vereinigte es die Tugenden aller Kräuter in sich und hatte deshalb die magische Kraft, von allen Übeln zu heilen. So ist verständlich, daß Salbei ein Symbol für Achtung und Ansehen war. Früher schien also gegen alles ein Kraut gewachsen zu sein ...

Heute ist das ein bißchen anders. Heute wachsen die Kräuter nicht gegen, sondern für etwas. In aller Regel nämlich für den guten und würzigen Geschmack einer Speise. Kräuter sind genießbare Pflanzen und Pflanzenteile, die oft andere Gewürze ersetzen können. Und auch bei den Kräutern ist es wie bei allen anderen Lebensmitteln - am besten schmecken sie frisch. Diejenigen, bei denen Rosmarin und Thymian im eigenen Garten wachsen, können sich also glücklich schätzen. Aber auch die anderen müssen nicht auf Kräuter verzichten. Die Auswahl an frischen Kräutern im Handel wird immer größer.

Basilikum

zählt zu den wichtigsten Küchenkräutern. Die krautartige Gartenpflanze stammt aus Ostasien und hat eine intensive Würzkraft. Seine Blätter kann man ganz oder kleingeschnitten verwenden. Basilikum paßt besonders gut zu Gerichten aus der italienischen Küche, zum Beispiel Mozzarella mit Tomaten, Pizza oder Nudelgerichte. Aber auch Salate lassen sich mit diesem Kraut verfeinern. Die Blätter kann man in Olivenöl einlegen oder tiefgefroren aufbewahren. Und noch ein Tip zum Basilikum: Versuchen Sie doch einmal eine Basilikumbutter! Butter wird mit feingehacktem Basilikum vermischt, Salz, Pfeffer und Zitronensaft runden den Geschmack ab.

Bohnenkraut

hat einen scharfen Geschmack und wird deshalb auch Pfefferkraut genannt. Es sollte nur sparsam verwendet werden. Die würzkräftigen Blätter eignen sich für alle Bohnengerichte, schmecken aber auch an Gurkensalat. Beim Hammelbraten darf Bohnenkraut nicht fehlen. Für die Lagerung eignet sich nur getrocknetes Bohnenkraut.

Dill

ist ursprünglich ein indisches Küchenkraut. Dieses wichtige Kraut paßt zu allen grünen Salaten, aber auch zu frischem Gurken- und Kartoffelsalat und zu Sahnesaucen. Wegen seines zarten Geschmacks wird es auch gerne als Fischgewürz verwendet. Dill läßt sich gut einfrieren.

Estragon

kann man sparsam dosiert an Salate, Suppen und Saucen geben. Aber wirklich sparsam. Estragon ergibt einen leicht herben Geschmack und wirkt schnell aufdringlich. Eingelegt in Essig ergeben Estragonzweige nach zwei bis drei Wochen einen aromatischen Estragonessig. Auch dieses Kraut kann man einfrieren.

Kresse

ist nicht gleich Kresse. Man unterscheidet zwischen der Brunnen- und der Gartenkresse. Brunnenkresse wächst wild an feuchten Gräben und Bächen, die Gartenkresse wird, wie der Name schon sagt, vorwiegend in Gärten kultiviert. Kresse schmeckt leicht pfeffrig und verfeinert alle Salatsorten. Kresse ist leicht selber zu ziehen und man kann sie deshalb immer frisch zu Hause haben.

Majoran

ist ein sehr vielseitiges Küchenkraut aus dem Thüringer Raum, aus Frankreich und aus osteuropäischen Gebieten. Am besten schmeckt es sparsam dosiert an Kartoffelgerichten. Aber auch gefüllter Gänsebraten, Knödel aller Art und Kräutersaucen werden mit Majoran verfeinert. Für die Lagerung nimmt man am besten gerebelten Majoran.

Petersilie

gehört zu den beliebtesten und vielseitigsten Küchenkräuterpflanzen. Sie paßt zu vielen Salaten, Gemüsegerichten und Saucen.

Rosmarin

stammt aus dem Mittelmeerraum, hat sich aber inzwischen auch in Deutschland angesiedelt. Rosmarin hat nadelartige, ledrige Blätter, die ätherisches Öl enthalten. Es eignet sich für die Salatküche, für Pizzas und alle südlichen Gemüsegerichte. Außerdem verfeinert Rosmarin Fleisch- und Geflügelgerichte.

Schnittlauch

streitet sich auf der Beliebtheitsskala mit der Petersilie um Platz eins. Der mit dem Porree verwandte Schnittlauch würzt Saucen und Salate, Fischgerichte und Suppen, aber auch alle Arten von Quark und Joghurt. Je feiner Schnittlauch geschnitten wird, desto besser ist sein Geschmack.

Thymian

stammt ebenfalls aus dem Mittelmeerraum. Thymian hat ein sehr kräftiges Aroma und sollte nur sparsam verwendet werden. Er eignet sich vor allem für Wildgerichte, aber auch Tomatensalate oder Tomaten- und Kräutersaucen schmecken gut mit Thymian.

Zitronenmelisse

eignet sich zum Herstellen von Kräutermischungen. Einzeln verfeinern ganze Blätter Salate und Kräutersaucen.

Tips für den Umgang mit Kräutern:

- Vor dem Zerkleinern sollte man sie kurz in Wasser schwenken. Danach gut abtropfen lassen oder mit einem Küchentuch trockentupfen.

- Erst unmittelbar bevor man sie ins Essen gibt, sollte man Kräuter hacken oder schneiden.

- Frische Kräuter sollte man erst kurz vor dem Garende an die Speisen geben. So verkochen sie nicht und können ihr gesamtes Aroma entfalten.

- Faustregel für die Dosierung: Je intensiver der Eigengeschmack des Krautes ist, desto weniger sollte man davon nehmen. Normalerweise nimmt man pro Person einen halben bis ganzen Teelöffel. Man nimmt also immer nur soviele Kräuter, wie nötig sind, um den Eigengeschmack einer Speise zu unterstützen und zu verfeinern.

- Und noch ein Vorratstip: Frische Kräuter kann man auch waschen, kleinhacken und in Eiswürfelbehältern einfrieren. So hat man auch im Winter immer frische Würze auf Lager. Oder aber man zieht Kräuter in einem Blumenkasten oder Topf an einem sonnigen Fensterplatz. So hat man sogar zu jeder Zeit frische Kräuter erntefertig.

Für Kräuter gilt, was überhaupt das Kochen interessant macht: Spielen sie Einstein. Experimentieren macht Spaß!

Freizeitspaß mit Genuß –
Sommerzeit ist Grillzeit

Es ist eine Selbstverständlichkeit: beim Grillen geht es natürlich nicht nur um Essen und Trinken. Es geht auch und vor allem um die Geselligkeit. Wir laden uns Freunde ein, machen Salate, verschiedene Soßen und Marinaden und kaufen ausreichend Getränke.

Und beim Grillen geht es um die Freude, seine Zeit unter freiem Himmel zu verbringen. Schließlich ist Sommer. Und so steigen einem jeden Sommer aufs Neue aromatische Gerüche in die Nase. Irgendwo wird immer gegrillt - seit Tausenden von Jahren. Denn das Garen von Fleisch auf offenem Feuer ist - wahrscheinlich - fast so alt wie die Menschheit.

So könnte es angefangen haben

Vor vielen, vielen Jahren, als die Menschen noch Sammler und Jäger waren, aßen sie das erbeutete Fleisch sicher noch roh. Mensch und Tier unterschieden sich noch nicht besonders in ihren Eßgewohnheiten. Bis eines Tages eine Katastrophe alles veränderte. Der Wald brannte. Alle waren in Panik und fürchteten um die Tiere und Pflanzen. Zu Recht. Denn als das Feuer endlich verloschen war, war tatsächlich alles verbrannt. Die Menschen aber hatten immer noch Hunger und so taten sie in ihrer Not, was sie sich vor dem Waldbrand nur schwer hätten vorstellen können. Sie bargen die verbrannten Tiere und aßen das Fleisch, das übrig geblieben war. Und siehe da, es schmeckte gut. Es war knusprig und zart. War das die Erfindung des Garens mit Feuer?

Und so setzten sie in Zukunft alles daran, ihr Fleisch auch weiterhin so delikat zuzubereiten. Dabei entwickelten unsere Vorfahren schnell eine richtige Eßkultur. Denn die Menschen früherer Zeiten hängten die Tiere nicht einfach übers Feuer, um sie zu garen und dann gierig zu verschlingen. Schon bald entdeckten sie die tollsten Tricks und Kniffe, die in zahlreichen Variationen und Abwandlungen noch heute in unseren Küchen zu finden sind.

Der heiße Stein - keine Erfindung der Neuzeit

Heute bieten viele Restaurants es als besondere Spezialität an, das Garen auf dem heißen Stein. Selberkochen am Tisch ist modern. Und dabei geht auch diese Garmethode auf unsere Vorfahren zurück. Auch sie nutzten heiße Steine, um Fleisch zu rösten.

Sie machten es ebenso einfach wie raffiniert. Sie hoben eine Grube aus und entfachten darin ein Feuer. Als Wärmespeicher legten sie Steine hinein. Auf die erhitzten Steine legten sie das Fleisch. Damit es nicht anbrennt, wurde es in Kohlblätter gewickelt. So konnte es schön knusprig werden. Daß es zusätzlich auch noch gar und zart wurde, dafür sorgten weitere Steine, die obendrauf gelegt wurden. Zum Schluß wurde die heiße Grube wieder mit Erde aufgefüllt. Ungefähr drei Stunden dauerte es, bis man den fertigen Braten vorsichtig wieder ausgraben konnte.

Die ersten Grillpartys sind also schon sehr lange her. Die ersten Feuerstellen mit Knochen wurden in Peking gefunden und sollen ungefähr 400.000 Jahre alt sein. Ob unsere Vorfahren nun ihr Fleisch auf Ruten spießten und über das Feuer hielten, oder ob sie den heißen Stein bevorzugten, sie wußten sich zu helfen, lange bevor der Mensch den Rost erfunden hatte, den man über die Glut legen konnte. Aus dieser neueren Art der Zubereitung ergab sich übrigens der Name: Grill ist englisch und heißt Rost. Auch wenn sich seit den ersten verbrannten Tieren im Wald viel geändert hat, eines ist geblieben: die Vorliebe für knuspriges und zartes Fleisch. Und wenn man es richtig macht, ist gegrilltes Fleisch sogar besonders bekömmlich. Man muß das Fleisch nämlich nur sehr sparsam mit Öl einpinseln, wenn man beim Grillen auf dem Rost zuerst eine große Hitze erzeugt, die die Poren schließt. Zum Garen sollte man dann dafür sorgen, daß die Glut nicht mehr so stark ist. So kann Fleisch auch auf dem Grill schonend garen und Grillen bleibt auch für Leute mit empfindlichem Magen ein Freizeit-Eß-Spaß mit Genuß.

Er darf bei keinem Grillfest fehlen - der Senf

Auch der Senf ist keine Kreation unserer Tage. Schon die so häufig zitierten alten Ägypter haben dieses Gewürz gekannt. Sein Name aber, so vermutet man, ist altgriechischen Ursprungs. Die Griechen nannten das gelbe Gewürz "sinapi". Sie machten Aeskulap, den Gott der Heilkunde für die Entdeckung des Senfes verantwortlich, wen sonst? Die Römer übernahmen ihn als "sinapis" und schließlich wurde "Senf" daraus.

Offenkundig hat man Senf schon früh als Gewürz verwendet. Bei den Römern stand häufig Schweinefleisch auf dem Speiseplan. Dazu gab es "garum", eine pikante Sauce, die sie mit Senf verfeinerten. Diese Sauce war als Delikatesse berühmt. Und auch das erste Rezept für die Zubereitung von Speisesenf stammt von einem Römer. Der Bauer Junius Moderatus Columellas soll es um 60 nach Christi Geburt aufgeschrieben haben. Aber - wie die Griechen verwendeten auch die Römer Senf nicht nur als Gewürz, sondern auch als Heilmittel. Im ersten Jahrhundert nach Christus führte ein gewisser C. Aurelianus die "Picatio" ein, ein Senfpflaster mit heilender Wirkung bei vielerlei Beschwerden.

Auch die Germanen wußten Bescheid über die Zubereitung und Anwendung von Senf. Im "Capitulare de villis", einer Art Vorschriftenkatalog für die Landwirtschaft empfahl Kaiser Karl der Große den Anbau von "sinapis". Im Mittelalter dann wurde die Senfpflanze noch vielseitiger verwendet, als das in der Regel heute der Fall ist. Denn man verwendete nicht nur die Samen dieser Pflanze. Auch die Blätter wurden verwertet, aus ihnen kochte man Gemüse.

Die französische Stadt Dijon hatte im 13. Jahrhundert ein regelrechtes Herstellungsmonopol auf das Produkt "Senf". Senf war in Dijon sozusagen ein hochherrschaftliches Gewürz. Denn am Hof von Dijon, Mittelpunkt eines mächtigen Herzogtums, wurde die hohe französische Eßkultur schon damals gepflegt. Und dabei zog man den Senf allen anderen Gewürzen vor. Der typische Senf aus Dijon hatte eine ganz besondere Note. Die Dijoner rührten den Senf mit dem Saft unreifer Trauben an. Heute weiß man, daß man es gerne scharf mögen muß, wenn man zu Dijon-Senf greift.

Im Jahr 1720 kam eine Frau in England auf eine ganz neue Idee. Mrs. Clements of Durham mahlte die Senfkörner zu feinem Mehl und rührte den Senf daraus an. Eine neue Zubereitungsart war erfunden, die sich praktisch bis heute gehalten hat. Auch heute noch ist das vielseitige Gewürz Senf nicht mehr aus unseren Küchen wegzudenken. Und sogar die fortschrittliche Medizin der Gegenwart bestätigt die Theorien, die bereits die Griechen und die Römer hatten: Senf ist gesund. Ärzte empfehlen ihn vor allem bei Darmbeschwerden. Aber, die goldgelbe Creme Senf, sie darf übrigens nicht gefärbt werden, hätte sich sicher auch ohne heilende Wirkungen durchgesetzt. Denn was ist schon eine Rostwurst vom Grill ohne Senf?

Schon zum Frühstück geht es los

Natürlich gehören zu jeder Grillparty im Sommer auch gekühlte Getränke. Und was schmeckt besser bei Hitze und Sonnenstrahlen als ein gekühltes Bier vom Faß. Aber - im Bier ist auch Alkohol enthalten.

Und deshalb trinken viele Menschen ihr erstes Bier erst am Abend oder frühestens am späten Nachmittag. Schließlich will man den schönen Sonnentag auch noch wachen Geistes genießen. Bei den alten Ägyptern war das ganz anders: bei ihnen galt Bier als Nationalgetränk. Man trank Bier zu Hause schon zum Frühstück, dann beim Mittagessen, während der Arbeit auf dem Feld, natürlich in den Gaststätten und auf den Fährschiffen. Sogar ihren Toten gaben sie Bier als Opfergabe mit auf den Weg. Man trank Bier also immer und überall.

Auch für das Grillen trifft der Spruch zu: andere Länder, andere Sitten. Während man bei uns in der Arbeitswelt, ob auf dem Bau, in der Landwirtschaft oder in der Fabrik in der Frühstückspause seine Brotdose aufmacht und mitgebrachte Stullen verzehrt, geht es andernorts ganz anders zu. In Südamerika beispielsweise ißt man auch zum Frühstück schon gegrilltes Fleisch. Die Arbeiter machen dann einfach ein Feuer und brutzeln ihre mitgebrachten rohen Fleischstücke. Eine Sitte, aus der ein köstliches Rezept entstanden ist, das mittlerweile auch in Deutschland berühmt ist.

Der Idar-Obersteiner Spießbraten

Jeder weiß, Idar-Oberstein ist die Edelsteinhochburg in Deutschland. Nur wenige wissen, daß dieser Ruf einmal sehr gefährdet war. Denn die Achatvorkommen im Steinkaulenberg waren vor ungefähr 100 Jahren ziemlich erschöpft. Die Edelsteinschleifer wurden quasi arbeitslos. Aber - sie steckten nicht den Kopf in den Sand, sondern wurden aktiv und wanderten nach Brasilien aus. Dort gab es noch Edelsteine in Hülle und Fülle, die Idar-Obersteiner Edelsteinschleifer konnten sich eine neue Existenz schaffen. Nach vielen Jahren kamen sie zurück nach Deutschland. Im Gepäck hatten sie zwei Dinge: Edelsteine aus Brasilien und das Rezept für einen ganz besonderen Rinderspießbraten. Seit diesen Tagen gilt dieser Spießbraten als Spezialität in Idar-Obersteiner Küchen. Noch heute wird er so einfach zubereitet, wie es die Arbeiter in Südamerika seinerzeit gemacht haben: Für das Rindfleisch kann man Roastbeef, Filet, Hoch-Rippe oder Hüfte nehmen. Den Braten legt man über Nacht mit Pfeffer, Salz, Knoblauch und Zwiebeln ein. Und das Wichtigste: Idar-Obersteiner Spießbraten darf man einen Braten nur nennen, wenn er auf offenem Grill unter Verwendung von Buchenholz gebraten wurde. Diese Köstlichkeit ist einen Versuch der Nachahmung wert. Und wer's mag, kann den Spießbraten ruhig auch schon zum Frühstück probieren.

Gerhard Bungert

"Mitenanner schwätze unn genieße"

Der Mittelmeerraum beginnt südlich des Hunsrücks. Zumindest, wenn es ums Feiern geht. Und das heißt im Saarland mehr als Wein, Weib und Gesang, nämlich "mitenanner schwätze unn genieße" und Sehnsucht nach Wärme, Sonne und Meer - beziehungsweise "mehr". Das alles materialisiert sich in der Hegelschen Identität von Quantität und Qualität. Kulinarisch - versteht sich. Die Menge und das Niveau entscheiden sich für eine dauerhafte und heftige Liaison - ohne

Trauschein. Das Verständnis für den kleinen Unterschied zwischen Gourmet und Gourmand schwindet immer mehr.

Der saarländische Sommer duftet: bei den einen nach Holzkohle und Schwenkbraten, bei den andern nach Knoblauch, nach Olivenöl und nach Kräutern. Es scheinen sich zwei kulinarische Klassen herauszubilden, die deftig-volkstümliche und jene, die bereits Franz-Josef Degenhardt Anfang der siebziger Jahren als "frankophile Käse-

Jochen Senf und Martin Buchhorn

Manchmal "macht er einen auf französisch"

Sein Tatort-Name paßt viel besser

schlecker" besang. Ein typischer Repräsentant dieser Genießer ist die Kunstfigur Max Palü. Als kochender Tatort-Kommissar trägt er bundesweit dieses französische Flair in die Wohnzimmer.

Aber nicht immer. Er ist eher eine Art "Randerscheinung der Republik", denn er schaut über den Tellerrand des Nationalen hinaus, über die nicht mehr vorhandene Grenze nach Frankreich. Und das im Zentrum von Europa. Bei uns im Saarland.

Allerdings spricht er noch deutsch, zumindest sehr oft, und der hinter der Rolle stehende Schauspieler hat einen deutschen und kulinarischen Familiennamen. Er heißt nicht "Moutarde" und nicht "Ailloli", sondern ganz einfach und einsilbig "Senf". Deutscher geht es wohl nicht? Immerhin: kulinarisch und sprichwörtlich. Als sein Vater, der international anerkannte Finanzwissenschaftler Prof. Dr. Paul Senf in den fünfziger Jahren die Joho-Regierung verließ, da hieß es: "Der Senf geht, die Würstchen bleiben".

Er heißt nicht "Palu", sondern "Palü". Die Ü-Pünktchen müssen sein, denn ganz so französisch sind wir nun doch nicht. Da stand wohl der Slogan der saarländischen Landeshauptstadt Pate: "Salü Saarbrücken" - oder auch eine andere Abwandlung: "Radio Salü", jener saarländische Privatsender, der sich auch dadurch auszeichnet, daß der öffentlich-rechtliche Saarländische Rundfunk daran beteiligt ist.

Bleiben wir noch ein wenig bei dem Beitrag der saarländischen "Crème-fraîche-Patrioten" für die kulinarische Infrastruktur im Saarland. - Woran erkennt man diese Zeitgenossen? Zuerst einmal kennen sie sich besser aus als die Brüder und Schwestern jenseits von Waldmohr und Saarhölzbach - wenn es ums Essen und Trinken geht.

Sie entschuldigen sich, wenn es in ihrem Stammlokal lediglich einen offenen Beaujolais Village und einen anständigen Côte du Rhône gibt. Bei Produkten wie halbtrockenem Jahrgangssekt oder gar Perlwein schütteln sie zuerst den Kopf und dann den gesamten Oberkörper. Denn sie wissen es besser: Sie trinken Champagner, Crémant d'Alsace oder Blanquette de Limoux. Auch mit Branntwein braucht man ihnen nicht zu kommen. Sie trinken Cognac, und selbst da unterscheiden sie sorgfältig zwischen einzelnen Sorten. Sie zählen die Sterne und kämen nie auf die Idee, den edlen gebrannten Wein in den Kühlschrank zu stellen.

Bei aller kulinarischen Frankophilie sind und bleiben sie saarländische Lokalpatrioten, wobei ihnen die doppelte Bedeutung des Wortes "Lokal" ebenso in den Kram paßt wie die von "Wirtschaft". Sie sind stolz darauf, Saarländer zu sein, sprechen Mundart mit einem leichten, entschuldbaren hochdeutschen Akzent und sind geplagt von der Sucht, ihren Gästen aus Deutschland die Schönheiten des Saarlandes zu zeigen. Die erste Station ihrer missionarischen Imagepflege für unser Land:

Man geht nach Frankreich essen

Wobei das Wort "gehen" durchaus wörtlich gemeint sein kann, denn gleich hinter der Grenze bereiten sich täglich elsässische und lothringische Gastronomen auf die kulinarischen Invasionen aus dem Saarland vor. Dort wiederholen sich die seit Jahrzehnten eingeübten Rituale. Die Lokale sind ein wenig regional, mal mehr elsässisch, mal mehr lothringisch. Man spielt ein wenig "Fronkraisch" und mischt deutsche und französische Wörter zu einer grenzüberschreitenden Insider-Sprache. Da tummeln sich der "Scheenen Bonjour" und das "Merci". Man trinkt "e Glas Rouge" zu einem "net durchgebroodene Entrecôte". Letzteres liebt und kennt man nur unter diesem Namen, denn die Übersetzung ins Deutsche ist dem saarländischen Sprachempfinden zutiefst zuwider: "Rinderzwischenrippenstück". Das heißt wirklich so. Das klingt wie "Doppelrinderkraftbrühe" und andere zusammengesetzte Wörter. Wie harmonisch klingt da doch der französische Singsang, und wie wohl fühlen sich die saarländischen Frankophilen an lauen Sommerabenden auf der Terrasse ihres Lokals - "driwwe" in Frankreich.

Fast alle haben ihre Geheimtips

Oder man geht zum "Woll", einem Lokal auf den Spicherer Höhen, keine fünf Kilometer vom Saarbrücker Stadtzentrum entfernt. Allerdings auf französischer Seite. Dort trifft man immer Bekannte und vor allem Gleichgesinnte. Denn "der Woll" ist selbstverständlich so überparteilich wie die Saarbrücker Zeitung.

Man sitzt an einfachen Holztischen mit Papiertischdecken und bis Ende 1992 konnte man genußvoll dem Kellner lauschen. Doch dann, zur Jahreswende, gab es einen jähen Einschnitt in den saarländisch-lothringischen Beziehungen. Gemeint ist nicht etwa der Fall des Schlagbaums, der ja für die Saarländerinnen und Saarländer sowieso keine große Bedeutung hatte. Gemeint ist die Pensionierung von Louis. Als Kellner beim Woll war er ein Teil des Inventars. Er schaffte es am besten, kunstvoll die deutschen und französischen Satzfetzen zu einer Sprache zu vermischen. Er "jobbte" nicht, sondern machte aus dem Beruf des Kellners eine Kunst. Ein wirklicher Dienst am Kunden, ein Ritual des Respekts. Nicht subaltern, sondern höflich und freundlich, sachkundig und flexibel. Bei ihm fühlte man sich nicht vor oder hinter der Grenze, sondern mittendrauf.

Louis hat Nachfolgerinnen gefunden

Sie scheinen auf dem besten Weg zu sein. Vor allem die Saarländerinnen und Saarländer helfen ihnen dabei mit passenden Worten und durch das vertrauliche "Du". Die neuen "mesdames" schlagen wie weiland Louis das "Dreigang- oder das Fünfgang-Getriebe" vor - je nach Hunger und Durchstehvermögen. Vorspeise, Hauptgericht und Nachspeise müssen sein. Wer nur ein einziges Gericht verspeist ist entweder krank, auf Diät, ein Banause oder aus dem "Reich". Damit ist nichts anderes gemeint als "Deutschland ohne das Saarland".

Vor dem Hauptgericht darf es auch noch einen kleinen Fischgang geben - am liebsten Meeresfrüchte, wegen der Kalorien - und vor der Nachspeise noch etwas Käse. Die Weine wechseln, das Weißbrot bleibt. Und während die Kellnerin die Rechnung auf die Papiertischdecke schreibt, trinkt man zum kleinen schwarzen Kaffee einen klaren Elsässer Schnaps.

Dabei schaut man durch das Fenster: zuerst nach dem Wetter, dann nach denen, die gerade ankommen oder wegfahren. Schließlich schweift der Blick über die Schlachtfelder von 1871, über noch immer rauchende Schornsteine in der Ferne wieder zurück zu den Autos mit Saarbrücker Autonummern. Dann blickt man wieder suchend ins Lokal, denn irgendjemand sitzt immer am Nachbartisch, den man von irgendwoher kennt.

So konsumiert eine einflußreiche Minderheit

Die Mehrheit im Saarland kann mit dem Ambiente der französischen Küche nichts anfangen. Sie wehrt sich - mit Tradition. Zurecht verweist sie auf die Dorflokale, in denen man "Schniposa" (Schnitzel, Pommes-Frites und Salat) verzehrt, auf die Jugendlichen, die in den Hamburger-Restaurants die Inhalte diverser Papp-Hüllen in sich reinstopfen und natürlich auch auf die traditionelle saarländische Küche. Das Französische, das sei doch eher etwas für die Saarbrücker Schickeria.

In der Tendenz stimmt das natürlich. Aber dennoch: Auch auf dem Land gilt man als "absolutes Rindvieh", wenn man den Unterschied zwischen einen Elsässer Riesling, Edelzwicker und Gewürztraminer nicht kennt. Selbst im Nordsaarland finden sich Feinschmecker in zweisprachigen Speisekarten zurecht und parlieren mit fachkundigen Kellnern über die Entrecôtes, Côtes d'agneaux und Faux-Filets.

Dabei ist das Saarland wirklich so etwas wie ein kulinarischer Brückenkopf Frankreichs. Ich habe schon Schlangen von Bauarbeitern vor einem Stand gesehen, an dem es Coquilles Saint-Jacques mit Muscadet für 4 Mark 50 gab - an einem grauen Dienstag! Beim Saarbrücker City-Fest findet man mehr Champagner-Stände als Würstchen-Buden.

Wir kennen den Effekt aus Baden und aus dem Elsaß: Die nationale Grenzlage scheint der Küche gut zu tun, denn die Gourmands und Gourmets nehmen von beiden Seiten immer nur das Beste. Grenzpfähle und Sprachen sind dabei ebensowenig Hindernisse wie unterschiedliche Geschichte und Kultur. Der Geschmack ist nun mal multikulturell, und nicht nur im Saarland heißt die Devise:

"Hauptsach, es schmeckt"

Diesen Satz hört man des öfteren bei kulinarischen Open-Air-Orgien. Vor allem im Sommer. Wenn es in dieser schönen Jahreszeit im Saarland raucht, dann muß das nicht der Schornstein einer Hütte sein. Vor allem nicht, wenn der Rauch aus Schrebergärten

der heimischen Laubenkolonien entweicht, wo all jene agieren, die in Berlin etwas verniedlichend als "Laubenpieper" tituliert werden.

Im Saarland verzichtet man auf solch irrige Bezeichnungen. Da hat man seinen Garten im "Spicherer Loch", "an der Saar" oder sonstwo zwischen dem Warndt und Wadern sowie Perl und Peppenkum. Da ackert und rackert der Familienvorstand, und im Sommer genießen alle die Früchte der Arbeit. Allerdings darf man das nicht wörtlich verstehen. Noch wachsen die Schwenkbraten im Saarland nicht auf den Bäumen. Man kauft sie und legt sie ein - für das Garten- und Straßenfest und für das Vereinsjubiläum.

Ein typisch saarländisches Schwenkbratenessen ist immer sehr kommunikativ. Das "mitenanner schwätze unn genieße" erzeugt schon einige Dezibel. Während sich auf riesigen Gittern eingelegte Fleischstücke drehen, tauscht man Erfahrungen, Eindrücke und Indiskretionen aus. Auch schon mal ein Stück Fleisch - wenn es zu groß, zu klein, zu mager, zu fett, zu knusprig oder zu sehr "al dente" geraten ist. Die Zutaten hingegen sind relativ unproblematisch: eine Flasche Bier, einen Weck oder auch warmen "Grumbeersalat". Dieser Kartoffelsalat verzichtet bewußt auf Mayonnaise. - Essig, Öl, Pfeffer, Salz, ausgelassener Speck - das reicht. Aber warm muß er sein ...

Es ist schon erstaunlich

In den sechziger Jahren kannte man ihn im Saarland noch nicht, und jetzt ist der Schwenkbraten ein regionales Nationalgericht. Wie schnell doch so etwas geht ...

Wahrscheinlich kommt der Brauch des "Schwenkens" aus den Gefilden des Johann Bückler, der unter der napoleonischen Besatzung als "Schinderhannes" im Hunsrück tätig war. Dort hieß diese Spezialität allerdings "Schaukelbraten". Ein Wort, das zum Saarland nicht paßt. Bei uns "schaukelt" kein Schwenkbratenständer. Er steht wie "festgemauert in der Erden", wie eine Eins.

Seine Stabilität hat etwas mit seinem Herstellungsprozeß zu tun. Die meisten dieser "Teile" sind Produkte unzähliger Nachtschichten im Bereich der saarländischen Montanindustrie. Die Ergebnisse sind dann der Stolz der Familie, der Straße und des Vereins. Aus unerklärlichen Gründen ist bei Abrüstungsverhandlungen noch nie über die saarländischen Schwenkbratenständer gesprochen worden, denn einige dürften weitaus stabiler sein als die meisten Panzersperren ...

Auch der Schwenkbraten selbst ist nichts für den "Kleinen Hunger" figurebewußter Weight Watchers. Bei den Portionen treibt Hegel ebenfalls wieder fröhliche Urständ. Quantität und Qualität bilden eine Einheit, und diese wiederum kommentieren die Saarländerinnen und Saarländer mit ihrer typischen Art, Dinge und Menschen zu loben:

Das is emol ebbes anneres

Das einfachste Rezept, für den "gemeinen Schwenkbraten" lautet folgendermaßen:

Man kaufe fertig eingelegtes Fleisch und grille es auf einem dafür vorgesehenen Schwenkbratenständer.

Über den anspruchsvollen "Schwenkbroode", den "Schwenkbraten de luxe", schreibt Claudia Lehnert in ihrem Rezept-Buch "aus Dibbe & Pann":

"Für den klassischen Schwenkbraten verwendet man ausgebeinte Schweinenackenkoteletts. Diese werden in eine Marinade gelegt und anschließend gegrillt. Der Grillrost oder Schwenker wird eingefettet und über dem Feuer gut erhitzt. Stellen Sie ihn auf mittlere Höhe ein, damit das Fleisch nicht anbrennt und dennoch genug Hitze abbekommt. Gleichmäßiges Schwenken ist wichtig. Dabei braucht man das Fleisch nur einmal zu wenden. Es sollte von beiden Seiten etwa 15 Minuten gegart werden. Erfahrene Schwenker prüfen per Daumendruck. Das Fleisch muß dann noch nachgeben, und auf seiner Oberfläche sollte sich etwas Fleischsaft gesammelt haben."

Eine Würzbeize für 10 Schwenkbraten könnte zum Beispiel aus folgenden Zutaten bestehen:

1 kg in Scheiben geschnittene Zwiebeln
1 EL gerebelter Thymian
1 EL Oregano
4 zerriebene Knoblauchzehen
4 zerriebene Lorbeerblätter
10 zerstampfte Wacholderbeeren
1 TL Pimentpulver
Salz, Pfeffer, Öl

Wichtig dabei: Das Öl und der Knoblauch. Beides kommt aus dem Mittelmeerraum, wozu ja bekanntlich das Saarland kulinarisch gehört. Beides schmeckt auch nach Süden, Sonne und Meer. Beides ist unverzichtbar in einer Küche, die sich nicht die harte Kritik gefallen läßt, sie sei preußisch oder englisch geprägt. Man sagte mir: "In einigen abgelegenen Tälern Mitteleuropas soll es noch Menschen geben, die selbst im Sommer keinen Knoblauch mögen ..."

Man muß auch Minderheiten tolerieren können

Ich für meinen Teil sehe das anders. Für mich ist Knoblauch ein Grundnahrungsmittel. "Allium sativum", so die wissenschaftliche Bezeichnung, kommt an alles - mit Ausnahme von Vanillepudding.

Seine Namen sind so vielfältig wie sein Nutzen. Bei dem französischen "ail" spürt man noch den leicht sprachlichen Duft des ach so korrekten wissenschaftlichen Namens. Anders klingt schon "thériaque des pauvres" (das Gegengift der Armen). Auch die Engländer sprechen nicht nur von "garlic", sondern auch von "Poor Man's Treacle" (der Sirup des armen Mannes). Die Spanier hingegen machen es sich einfach. Knoblauch heißt bei Ihnen "ajo". Schlichter geht es nicht mehr. Dabei ist er auf der iberischen Halbinsel so wichtig, daß man ihn nicht zerdrückt wie die Italiener tun. Man schneidet ihn auch nicht in kleine Stücke, sondern - man lese und staune - halbiert ganze Knollen. Respekt! Ich habe es selbst gesehen, vor einigen Jahren in Mallorca, und ich muß zugeben, das war einer meiner stärksten Eindrücke auf der Insel.

Der Knoblauch – ein Einwanderer aus dem Osten

Er soll ursprünglich aus den Steppen Kirgisiens kommen und sich von dort aus in Vorderasien ausgebreitet haben. Danach machte er sich breit, im gesamten Mittelmeerraum. Und darüber hinaus. Zum Beispiel im Saarland.

Allioli hält die Fliegen fern

"Das Allioli konzentriert in seiner Essenz alle Wärme, alle Kraft, allen Jubel der provencalischen Sonne; es hat aber auch eine ganz besondere Eigenschaft: Es hält die Fliegen fern. Diejenigen, die es nicht mögen, diejenigen, die von unserem Öl Sodbrennen im Hals bekommen, werden deshalb vermeiden, in unserer Gegend herumzuschwirren. So bleiben wir unter uns."

Fréderic Mistral, 1891 in der ersten Ausgabe der von ihm gegründeten Zeitschrift "l'Allioli"

Ein sehr naher Verwandter des Knoblauchs ist das Öl - nicht in der Natur, aber in der Küche und auf dem Teller. Da gehen beide Genußmittel vielfältige Beziehungen ein. Mal überdecken und mal ergänzen sie sich, mal hält sich der Knoblauch dezent zurück, mal spielt das Öl den Bescheidenen. Im Idealfall harmonieren beide miteinander, als kulinarisches Duo.

Der Knoblauch gehört zu den Liliengewächsen. Eine Gruppe, zu der sich nicht nur so simple Gewächse wie der Bärlauch zählen, sondern auch so romantische Blumen wie das Maiglöckchen und die Herbstzeitlose. Das Öl hingegen ist das Produkt einer Pflanze. Theoretisch könnte man von fast allen Pflanzen Öl herstellen, denn die meisten produzieren Öle und Fette. Allerdings sind wir Menschen irgendwann auf den Geschmack gekommen und haben uns auf wenige Pflanzen als Ölproduzenten konzentriert. Vor allem lieben wir das Sonnenblumenöl und das Sojaöl, das Erdnußöl und das Olivenöl. Sie alle kommen aus dem Süden, denn ihre Pflanzen brauchen sehr viel Sonne. Daraus entnehmen die Pflanzen die Energie, um Eiweiß, Kohlenhydrate und Fett zu produzieren. Meint es die Sonne gut mit der Pflanze, dann produziert sie mehr Öl. Diesen chemisch-biologischen Vorgang bezeichnen Wissenschaftler als "Photosynthese".

Öl ist nichts anderes als gespeicherte Sonnenenergie.

Und die brauchen die "frankophilen Käseschlecker" ebenso wie "Liebhaber von Schwenkbraten aller Art". Beide stellen - um Ludwig Harig zu bemühen - die Harmonie der Gegensätze her. Sie heben sie auf und schaffen das saarländische "Geheischnis", das mal im Überwinden und mal im Übergehen von Widersprüchen so gut gedeiht. Wer es nicht glaubt, der sollte mal die kulinarischen Seiten des Saarbrücker Altstadtfestes analysieren. Das zweitgrößte saarländische Volksfest (das größte ist der Saarland-Tag) ist übrigens die Erfindung einer Saarbrücker Bürgerinitiative. Sie veranstaltete bereits 1975 das erste Altstadtfest und

leitete damit, zusammen mit der ABK (Arbeitsgemeinschaft Bildender Künstler), die Sanierung der Altstadt ein - übrigens während der Amtszeit Oskar Lafontaines als Saarbrücker Oberbürgermeister. Zum ersten Mal wurden Kunst, Kultur und Kulinarisches als gleichwertig bedeutsam für die Bürger bei einer Festprogrammgestaltung eingestuft. Noch heute streiten sich Kultur und Kommerz bei diesem typisch saarländischen Fest und der lachende Dritte ist und bleibt der Gourmet. Er kommt voll (und nüchtern!) auf seine Kosten - jedes Jahr im Sommer, beim "mitenanner schwätze unn genieße".

1. Altstadtfest in Saarbrücken im Jahr 1975

Die Sieger-Sommer-Menüs

Irene Platz, Gerhard Franzen (Hotel l'Auberge, Sulzbach)

1. Menü

Gerhard Blumenröther,
Saarbrücken

Gurken-Süppchen

＊

Entenbrust auf Schalotten-Cassis-Soße

mit Meerrettich-Püree
und Zuckererbsen

＊

Saarwein-Granité

Gurken-Süppchen

1 schlanke Gurke
750 ccm Fleischbrühe (kein Fertigprodukt)
100 g frische Butter
250 ml Vollmilch
2 Eigelb
süße Sahne
trockener Saar-Riesling
1 großer Bund frischer Dill
Reismehl
Cayenne-Pfeffer

1
Die Gurke dünn schälen, hobeln, fein hacken
und in der Butter andünsten.

2.
Die Fleischbrühe aufgießen und das Ganze
einige Minuten durchkochen lassen.

3.
Eigelb mit Milch und einem Schuß süßer
Sahne verquirlen; mit einem Schneebesen
langsam unter die Suppe rühren.

4.
Den feingehackten Dill zufügen und die
Suppe mit etwas Reismehl binden.

5.
Mit Weißwein sowie Cayenne-Pfeffer
abschmecken und noch zehn Minuten ziehen lassen; nicht mehr aufkochen.

6.
Mit einem Dill-Zweig garnieren und servieren.

Entenbrust auf Schalotten-Cassis-Soße

mit Meerrettich-Püree und Zuckererbsen

Für die Entenbrust:
2 Barbarie-Flugenten
2 Zwiebeln
2 mittelgroße Stangen Lauch
2 Karotten
1/4 Knolle Sellerie
1 Lorbeerblatt
15-20 Schalotten
8 cl Portwein
Cassis
(Likör von schwarzen Johannisbeeren)
weißer Pfeffer
Salz

Für das Meerrettich-Püree:
500 g Kartoffeln
1-2 TL Meerrettich
(je nach gewünschter Schärfe)
250 ml Milch
50 g Butter
Muskatnuß
Salz

Für die Zuckererbsen:
400 g Zuckererbsen-Schoten
30 g Butter
1 TL Zucker
Cayenne-Pfeffer
Salz

1.

Die Brüste mit der Fettschicht aus den Enten lösen und kühl stellen.

2.

Für einen Fond die restlichen Ententeile mit zwei Liter kaltem Wasser in eine große Kasserolle legen.

3.

Karotten und Sellerie in Stücke schneiden und zusammen mit dem grob geschnittenen Lauch, dem Lorbeerblatt und den ungeschälten Zwiebeln zur Ente geben.

4.

Das Ganze etwa zwei Stunden bei mittlerer Hitze zugedeckt kochen. Anschließend durch ein Sieb gießen und die Brühe erkalten lassen. Von der erkalteten Brühe die Fettschicht abheben. Die Brühe im offenen Topf auf etwa zehn Prozent reduzieren. (Für die Soße kann man auch einen guten Geflügelfond verwenden und dann statt ganzer Enten nur zwei Entenbrüste kaufen.)

5.

Die Entenbrüste auf der Fettseite über Kreuz einschneiden und auf dieser Seite in eine Pfanne geben. Bei niedrigster Hitzestufe 30 bis 60 Minuten (je nach Dicke der Fettschicht) das Fett langsam ausbraten. Die Oberseite alle 10 bis 15 Minuten mit dem ausgelassenen Fett begießen. Überflüssiges Fett abschöpfen, so daß immer nur gerade der Pfannenboden mit Fett bedeckt ist.

6.

Wenn die Fettschicht an der Brust auf eine dünne Kruste reduziert ist, die Oberseite salzen und pfeffern. Die Hitze erhöhen.

7.

Die Brüste im heißen Fett umdrehen und nach zwanzig Sekunden aus dem Fett nehmen. Abtropfen lassen und zwischen zwei heißen Tellern fünf Minuten ruhen lassen.

8.

Die Schalotten fein hacken. Etwas Entenfett in die Pfanne zurückgeben und darin die Schalotten unter ständigem Rühren glasig dünsten. Mit dem Portwein ablöschen und auf ein Minimum einkochen. Dann mit der reduzierten Entenbrühe aufkochen; mit Salz und Cassis abschmecken.

9.

Die Entenbrüste schräg in Scheiben aufschneiden und auf der Soße servieren. Die Fettkruste muß nach oben zeigen, damit sie knusprig bleibt.

10.

Kartoffeln schälen, waschen und in Würfel schneiden. Zwanzig Minuten in Salzwasser weichkochen. Abschütten.

11.

Kochende Milch und kleine Butterstücke zufügen. Mit einem Rührstab pürieren.

12.

Mit frisch geriebener Muskatnuß und Meerrettich abschmecken.

13.

Die Erbsen-Schoten putzen, waschen und in kochendes Salzwasser geben. Drei Minuten blanchieren, abschütten und in Eis-Wasser abschrecken - so behalten sie ihre grüne Farbe. Gut abtropfen lassen.

14.

Die Butter in einer Pfanne zergehen lassen und den Schaum abschöpfen. Die Schoten dazugeben, mit Zucker bestreuen und eine Minute bei kleiner Hitze anbraten. Mit einem Hauch Cayenne-Pfeffer abschmecken.

Saarwein-Granité

700 ml besten Saar-Riesling
(trockene Spätlese mit Aroma-Fülle und ausgeprägter Säure)
200 ml Wasser
150 g Kristallzucker
1 Orange
1 halbe Zitrone

1.

Wasser und Zucker eine Minute kochen, in eine Schüssel gießen und abkühlen lassen.

2.

Orange und Zitrone auspressen, durch ein Sieb geben und dem Sirup beifügen. Den Wein zugießen und alles gut vermischen.

3.

Die Mischung in eine flache Schale geben und ins Gefrierfach stellen. Dabei in Abständen von fünfzig Minuten umrühren, wobei die Eiskristalle mit einer Gabel an den Rändern von der Schale gelöst werden und zur noch flüssigen Mitte geschoben werden müssen. Den Vorgang solange wiederholen, bis die Flüssigkeit nach etwa sechs Stunden zu einer Masse kleiner, leichter Eiskristalle gefroren ist.

4.

In Weingläsern servieren.

2. Menü

Karin Müller,
Kirkel

Würzige Gemüsesülze

*

Lammkoteletts in Kiwisauce

und Sommer-Salat
mit Knoblauch

*

Marinierte Heidelbeeren mit Vanille-Eis

Würzige Gemüsesülze

600 g gemischtes Gemüse (Erbsen, Zucchini, Bohnen, Sellerie, Blumenkohl-Röschen)
200 g Möhren
750 ml Fleischbrühe
13 Blätter weiße Gelatine
1 hartgekochtes Ei
250 ml halbtrockener Weißwein
4 EL Kräuteressig
einige Stengel Schnittlauch und
Sellerie- Blätter
200 g Saftschinken
Salz
frisch geriebene Muskatnuß

1.

Gemüse putzen, waschen und die größeren
Stücke zerkleinern. In reichlich Salzwasser
bei mittlerer Hitze 15 Minuten kochen.

2.

Möhren putzen, in Stücke schneiden und in
500 ccm Fleischbrühe 30 Minuten garen.
Abtropfen lassen (die Brühe auffangen),
pürieren und mit Salz und Muskat
abschmecken. Anschließend wieder in den
Topf geben und erhitzen.

3.

Drei Blatt Gelatine in Wasser einweichen,
ausdrücken und im Möhrenpüree auflösen.
Abkühlen lassen.

4.

Die gesamte Brühe mit dem Essig sowie dem
Wein vermischen und erhitzen. Die restliche Gelatine einweichen, ausdrücken und
darin auflösen. Das Gelee erkalten lassen.

5.

Das Ei in Scheiben schneiden. Eine Kastenform (1000 ccm) an den Rändern mit Gelee
ausgießen und kaltstellen. Eischeiben, Selle-
rie-Blätter und Schnittlauch darauflegen,
mit etwas Gelee übergießen und anschließend wieder kaltstellen.

6.

Möhrenpüree einfüllen und nach dem
Erstarren abwechselnd Gemüse und Schinken einfüllen. Jede Schicht erstarren lassen,
bevor die nächste eingefüllt wird.

7.

Über Nacht kühlstellen und zum Servieren
auf eine Platte stürzen.

Lammkoteletts in Kiwisoße

und Sommer-Salat mit Knoblauch

4 doppelte Lammkoteletts (je 150 g)
frisch gemahlener schwarzer Pfeffer
2 EL Butter
1 TL Mehl
125 ml Geflügelbrühe
3 EL Dijon Senf
1 EL Weißweinessig
1 TL Zucker
2 Kiwis
2 EL Sonnenblumenöl
Salz

Für den Sommersalat mit Knoblauch:
250 g frischer Spinat
1 Kohlrabi
250 g Möhren
3 EL Zitronensaft
Salz
1 Messerspitze Zucker
1 kleine Knoblauchzehe (zerdrückt)
4 EL Sonnenblumenöl

1.

Lammkoteletts mit Pfeffer bestreuen und einmassieren.

2.

Für die Soße die Butter in einer Pfanne erhitzen, das Mehl dazugeben und ausschwitzen. Anschließend die Brühe aufgießen und gut verrühren. Aufkochen lassen und zehn Minuten bei kleiner Flamme sieden. Mit Senf, Essig und Zucker würzen.

3.

Die Kiwis dünn schälen, grob zerkleinern und im Mixer fein pürieren. Kurz vor dem Servieren in die Soße einrühren.

4.

Öl in einer Pfanne erhitzen und das Fleisch darin knusprig braten. Danach salzen, mit einer Kiwi-Scheibe garnieren und auf einer Platte anrichten. Die Soße extra reichen.

Dazu passen sehr gut in Butter geschwenkte Pellkartoffeln.

5.

Spinat waschen. Kohlrabi und Möhren schälen, in Streifen schneiden und mit dem Spinat in einer Schüssel vermischen.

6.

Salz, Zucker, Zitronensaft und Knoblauch vermischen. Das Öl unterrühren.

7.

Die Marinade zehn Minuten vor dem Servieren über den Salat geben.

Marinierte Heidelbeeren mit Vanille-Eis

500 g frische Heidelbeeren (evtl. TK)
120 g feiner Zucker
1 Päckchen Vanille-Zucker
4 cl Cognac
250 g Vanille-Eis
125 g Sahne
8 EL Eierlikör

1.

Heidelbeeren putzen, waschen und abtropfen lassen. Trockentupfen und in eine Schale geben

2.

Zucker und Vanille-Zucker gut vermischen und vorsichtig unterheben. Anschließend den Cognac unterrühren. Eine Stunde im Kühlschrank ziehen lassen.

3.

Die Heidelbeeren in Dessert-Schalen verteilen und das Vanille-Eis daraufsetzen.

4.

Sahne steif schlagen und in einen Spritzbeutel mit großer Sterntülle füllen. Das Dessert mit der Sahne garnieren und mit Eierlikör übergießen. Sofort servieren.

Jürgen Klein, Olaf Bank (Zum blauen Fuchs, Steinberg-Deckenhardt)

3. Menü

Jürgen Klein,
Mandelbachtal

Salat aus Meeresfrüchten

✳

Heilbutt-Filet "en croute"

auf Tomatenpüree
und Maccaroni

✳

Beschwipste Melönchen

Salat aus Meeresfrüchten

150 g Garnelen
150 g Kabeljau
150 g Tintenfisch
100 g Muschelfleisch
100 g rote und gelbe Paprika
3 EL Sherry-Essig
1 EL Olivenöl
Salz
Pfeffer
Frisée
2 Zwiebeln
Knoblauch

1.
Den Tintenfisch kochen, den Kabeljau dünsten. Beides erkalten lassen.

2.
Den Paprika hauchdünn aufschneiden, die Zwiebeln in dünne Ringe schneiden, und den Knoblauch fein würfeln.

3.
Sherry-Essig, Öl, Salz und Pfeffer zu einer Marinade anrühren.

4.
Kabeljau, Garnelen, Tintenfisch und Muscheln hinzugeben und fünf Stunden ziehen lassen.

5.
Die Meeresfrüchte aus der Marinade nehmen und etwas abtropfen lassen.

6.
Den Frisée kurz durch die restliche Marinade ziehen und auf Tellern anrichten.

7.
Die Meeresfrüchte mit Zwiebelringen und Knoblauch mischen und auf den Salat legen.

Heilbutt-Filet "en croute"
auf Tomatenpüree und Maccaroni

Für den Fisch:
800 g Heilbutt-Filet
Cornflakes
2 Eier
Mehl
Butter
Zitronensaft

Für das Gemüse:
750 g Tomaten
Zucker
Knoblauch
50 g Butter
Salz
Estragon

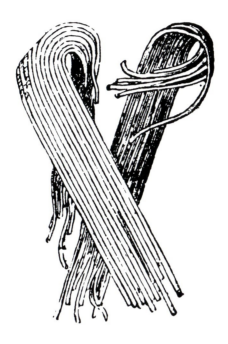

1.
Das Fischfilet trockentupfen, mit Zitronensaft beträufeln und eine Stunde ziehen lassen.

2.
Die Tomaten vierteln und in der Butter dünsten bis eine steife Masse entsteht.

3.
Das Heilbutt-Filet trockentupfen. Cornflakes ganz fein zerbröseln und leicht salzen. Das Filet erst in den geschlagenen Eiern und anschließend in Mehl wenden; Vorgang wiederholen. Dann mit Cornflakes panieren und in Butter goldbraun braten.

4.
Den Tomatenbrei durch ein Sieb streichen und mit Zucker, Salz und etwas Essig abschmecken. Frischen Estragon zugeben.

5.
Das Heilbutt-Filet auf dem Tomatenpüree anrichten. Dazu Maccaroni servieren.

Als Getränk empfiehlt sich ein 1989er Sauvignon.

Beschwipste Melönchen

1 Honigmelone
100 g Puderzucker
700 ml Rheinhessen-Wein

1.
Melone schälen und entkernen. Mit einem Kugelausstecher Kugeln formen und mit Puderzucker bestäuben. Mit Wein übergießen.

2.
Fünf Stunden im Kühlschrank ziehen lassen.

3.
In Dessert-Schalen servieren.

4. Menü

Marion Maak Gettmann,
Scheidt

Crème de tomates

mit geröstetem Brot

✳

Lammbraten mit Minzekruste,

Kartoffel-Mousse
und grünen Bohnen

✳

Pfirsich - Melonen - Parfait

Crème de tomates

mit geröstetem Brot

1 Knoblauchzehe, in Salz zerrieben
2 EL kalt gepreßtes Olivenöl
2 EL Tomatenmark
2 Dosen geschälte Tomaten
10 Blätter frisches Basilikum
4 frische Tomaten
1 Tasse halb geschlagener Rahm
2 Eigelb
Salz
1 Prise Zucker
1 Spritzer Tabasco
Öl
Butter
Weißbrotscheiben ohne Rinde,
daumen dick gewürfelt

1.
Zuerst das Knoblauch-Salz in das erhitzte Öl
geben und kurz darauf das Tomatenmark.
Mit einem Holzlöffel verrühren.

2.
Die Dosentomaten passieren, zugießen und
zehn Minuten durchkochen lassen.

3.
Basilikum in feine Streifen schneiden.
Die frischen Tomaten passieren

4.
Rahm und Eigelb verquirlen; mit Salz,
Zucker und Tabasco verrühren.

5.
Die Tomaten vom Feuer nehmen und mit
der Ei-Rahm-Creme durchschwingen.
Unmittelbar vor dem Servieren die frische,
rohe Tomatenpulpe mit dem Basilikum
unterziehen.

6.
Die Brotwürfel separat in einer Pfanne zu
gleichen Teilen in Olivenöl und Butter braun
rösten. Zur Suppe reichen.

Lammbraten mit Minzekruste,
Kartoffel-Mousse und grünen Bohnen

Für das Fleisch:
1 Lammschulter
3 EL Semmelbrösel
3 EL Minzesoße
1 EL gehackte Petersilie
1 Knoblauchzehe
Salz
schwarzer Pfeffer
Für die Minzesoße:
4 EL feingehackte Minze
1 TL Zucker
2 EL Zitronensaft
1 EL Weinessig
4 EL kochendes Wasser

Für die Kartoffel-Mousse:
4 Tassen gekochte und pürierte Kartoffeln
2 EL Butter
6 EL geriebener Parmesan
4 Eigelb
200 ml Schlagsahne
4 Eiweiß (Eischnee)
4 TL Salz
1 Prise Muskatnuß
4 TL Rosenpaprika
Butter für die Form

Für die grünen Bohnen:
800 g Bohnen
1 große Knoblauchzehe, fein gehackt
Butter

1.
Die gehackte Minze in einem Mörser mit dem Zucker zerstoßen, bis die Mischung breiig ist.

2.
Zitronensaft, Essig und kochendes Wasser einrühren, gut vermischen und abkühlen lassen.

3.
Die Lammschulter im Ofen auf einem Rost in einer Kasserolle braten. Bratzeit: 25 Minuten pro halbes Kilo Fleisch

4.
Semmelbrösel mit der Minzesoße zu einer Paste mischen; die gehackte Petersilie und den fein gehackten Knoblauch hinzugeben. Mit Salz und Pfeffer abschmecken.

5.
30 Minuten vor Ende der Bratenzeit die Lammschulter aus dem Ofen nehmen. Die Mischung für die Kruste auf der fetten Seite des Bratens verteilen und mit einem Messer auf dem Fleisch glattstreichen.

6.
Die Paste mit dem Bratensaft übergießen und das Gericht im Ofen fertig garen. Die Kruste soll am Ende der Garzeit goldbraun sein.

7.
Die Kartoffeln mit Butter, Parmesan, Eigelb, Rahm und Eischnee zu einer lockeren Masse schlagen.

8.
In einer gut gebutterten Gratin-Form 20 Minuten goldbraun überbacken.

9.
Die Bohnen putzen und in Salzwasser knackig kochen.

10.
Den Knoblauch in einer Pfanne in Butter bei mittlerer Hitze leicht braten - nicht bräunen.

11.
Die Bohnen aus dem Salzwasser nehmen, abtrocknen und in die Knoblauch-Butter geben. Darin wenden, salzen und pfeffern.

Pfirsich-Melonen-Parfait

1/2 sehr reife Zuckermelone
1 großer, reifer Pfirsich
1 Prise Salz
Saft einer halben Zitrone
90 g Zucker
2 EL Rum
2 Eiweiß
250 g Quark (20 Prozent Fett)
125 ml geschlagene Sahne

1.
Melone und Pfirsich schälen, entkernen und sehr klein schneiden.

2
Salz, Zitrone, Zucker, Rum und die zwei Eigelb mit dem Quark verrühren; die Fruchtstücke unterheben.

3.
Das Eiweiß zu steifem Eischnee schlagen und mit der geschlagenen Sahne langsam unter die Quark-Frucht-Masse heben.

5. Menü

Irene Platz,
Kaiserslautern

Pikante Kaltschale

✳

Putenbrustfilet samtig
mit Vitamingarten

✳

Sommerfrische
als Getränk: Cidre

Pikante Kaltschale

300 g frischen Sellerie
1 kleiner Apfel
250 ml lieblichen Apfelwein
50 g gehackte Mandeln
1 kleine Knoblauchzehe
200 ml Brühe
3 EL süße Sahne
Salz
Pfeffer
Zucker
Schnittlauch
Apfel zur Dekoration
Toastbrot
Knoblauch-Butter

1.
Den Sellerie putzen, kleinschneiden und in der Brühe acht Minuten garen.

2.
Sahne, Apfelwein, Knoblauchzehe und Mandeln dazugeben; im Mixer fein pürieren. Mit den Gewürzen abschmecken. Gegebenenfalls mit Sahne verdünnen. Durch ein Sieb streichen

3.
In kalte Tassen füllen, mit Schnittlauch bestreuen und mit Apfel dekorieren.

4.
Das Toastbrot rösten und Knoblauchbutter dazu reichen.

Putenbrust-filet samtig
mit Vitamingarten

Für die Putenbrust:
4 Putenbrust-Filets à 150 g
200 g Magerquark
2 EL Crème fraîche
1 kleiner Bund Petersilie
1 kleiner Bund Dill
1 kleiner Bund Schnittlauch
60 g Lachs-Filet
Butterschmalz
Paprika
Pfeffer
Salz

Für den Vitamingarten:
3 EL Nußöl
250 g Reis
750 ml Brühe
1 frische Ananas
300 g frische Champignons
300 g reife, feste Tomaten
1 kleine Zucchini
50 g Pinienkerne

Für die Marinade:
6 EL Nußöl
5 EL Weinessig
100 g süße Sahne
Salz
Pfeffer
Fondor
Tabasco
2 EL gehackte Petersilie
Zucker
Saft der Ananas

1.
Die Puten-Filets leicht klopfen; mit Pfeffer und Salz würzen.

2.
Im Butterschmalz von beiden Seiten gut durchbraten.

3.
Die Kräuter kleinschneiden und mit Quark, Crème fraîche, Salz, Pfeffer und Paprika mischen.

4.
Die Filets in eine gut gebutterte Auflaufform legen und mit der Quarkmischung bestreichen.
Bei guter Oberhitze kurz überbacken.

5.
Mit den Lachs-Streifen dekorieren.

6.
Den Reis gut waschen, im Öl etwas anrösten, Brühe zugeben, zum Kochen bringen und ausquellen lassen.

7.
Die Ananas schälen und in ganz kleine Würfel schneiden; den Saft auffangen

8.
Die Champignons putzen, in dünne Scheiben schneiden und kurz blanchieren. Gut abtropfen lassen.

9.
Die Tomaten und Zucchinis putzen und klein schneiden.

10.
Die Marinade zubereiten. Alles unter den warmen Reis mischen.

11.
Die Pinienkerne trocken rösten und aufstreuen. Lauwarm servieren.

Sommerfrische

225 ml frischer Zitronensaft ohne Rückstände
125 g Zucker
50 ml Orangenlikör
1 P Dr. Oetker Citro-Back
1 Eiweiß
150 ml süße Sahne
1 reife Mango, geschält und in Stücke geschnitten
30 g Puderzucker
etwas frischer Ingwer, feingerieben
Schokoraspel, Minzblättchen

1.
Zucker mit dem Orangenlikör aufkochen und schmelzen lassen.

2.
Auskühlen lassen.

3.
Zitronensaft und Citro-Back und mit dem Mixer aufschäumen

4.
2 Stunden ins Gefrierfach stellen.

5.
Das Eiweiß und die Sahne steif schlagen, unter die halbgefrorene Masse ziehen und wieder ins Gefrierfach stellen.

6.
Die Mangostücke mit dem Puderzucker, dem Ingwer und dem Likör fein pürieren, durch ein Sieb streichen und kalt stellen.

7.
4 Teller kalt stellen.

8.
Von der Zitroneneiscreme Nocken abstechen, auf die Teller setzen und mit Mangosoße umgeben. Mit Schokoraspel und den Minzblättchen dekorieren.

Das Dessert sollte am Vortag zubereitet werden - wegen der Gefrierzeit.

6. Menü

Irene Platz,
Kaiserslautern

Suppe
"Flirt mit
dem Sommer"

✳

Bootsauflauf
und Salatblüte

✳

Kleine
Saarwellen

Suppe
"Flirt mit
dem Sommer"

800 g frische reife Tomaten
1 Gläschen Wachteleier
4 Gurkenscheiben
4 EL geschlagene Sahne
1 EL Schnittlauch
Salz
Pfeffer
Tabasco
4 kleine Petersilienstengel

1.

Die Tomaten oben kreuzweise einschneiden, kurz in kochendem Salzwasser eintauchen und die Haut abziehen.

2.

Die Tomaten kleinschneiden und dabei die Stielansätze entfernen.

3.

Mit einem Pürierstab fein pürieren. Mit Salz, Pfeffer und vier bis fünf Spritzern Tabasco abschmecken; danach durch ein Haarsieb streichen.

4.

Nochmals mit dem Stab aufschäumen und in Teller füllen.

5.

Jeden Teller mit einer Gurkenscheibe garnieren und einen Eßlöffel geschlagene Sahne daraufsetzen.

6.

Die Sahne mit einem Zahnstocher zu einem Muster rühren und mit Schnittlauch bestreuen.

7.

Die Wachteleier halbieren und zwei Hälften an den Tellerrand legen; einen Petersilienstengel auflegen.

Die Suppe kann kalt oder warm serviert werden.

Bootsauflauf und Salatblüte

750 g Lyoner
750 g Zucchini
750 g Champignons
4 mittelgroße Tomaten
200 g junge, frische Erbsen
1 große Zwiebel
1 Knoblauchzehe
3 EL gehackte Petersilie
600 g süße Sahne
125 g Crème fraîche
3 EL Bratensoße (Fertig-Produkt)
125 g Bergader Schimmelkäse
250 g Naturreis
100 g Butter
Salz
Pfeffer

Für die Salatblüte:
Salate nach Angebot

1.
Reis nach Vorschrift bißfest kochen.

2.
Lyoner und Zucchini in Scheiben schneiden und in einer großen Pfanne auf beiden Seiten in Butter goldbraun anbraten, abkühlen lassen.

3.
Die Zwiebel in kleine Würfel schneiden und in Butter gelb rösten.

4.
Die Pilze in Scheiben schneiden und mit den Erbsen zu der Zwiebel geben. Vier Eßlöffel Wasser darübergießen und zugedeckt fünf Minuten dämpfen; mit Salz und Pfeffer würzen. Zwei Eßlöffel Petersilie unterziehen.

5.
Die Wurst- und Zucchinischeiben abwechselnd rund um den Rand einer Auflauf-Form hintereinander stellen. Den Reis in die Mitte füllen.

6.
Sahne, Crème fraîche, Bratensoße, Pfeffer sowie Salz in die Bratpfanne geben und mit dem Rest des Bratenfetts vermischen. Pilzsud zugießen.

7.
Die Pilz-Erbsenmischung auf dem Reis verteilen.

8.
Die Sahne-Crème fraîche-Mischung über den Inhalt der Form gießen.

9.
Die Tomaten oben kreuzweise einschlitzen und die Stielansätze entfernen. In die Schlitze etwas Käse und Knoblauch stecken. Die Tomaten in die Mitte der Form setzen und etwas eindrücken.

10.
Den Rest des Käses zerpflücken und aufstreuen.

11.
Im vorgeheizten Backofen bei 200° auf der unteren Leiste 25 Minuten überbacken.

Vor dem Servieren einen Eßlöffel Petersilie aufstreuen.

12.
Salat waschen und putzen.

13.
In Blütenform auf einen Teller legen.

14.
Marinade nach Geschmack herstellen und separat servieren.

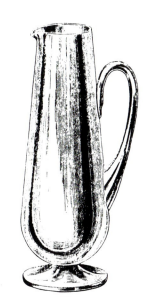

Kleine Saarwellen

400 g Kiwis (5 Stück)
100 g Zucker
180 ml Wasser
30 cl Kiwilikör
1/3 Glas Zitronenmarmelade
1 Pikkolo trockener Sekt
1 Kiwi, geschält und in Scheiben geschnitten (zur Dekoration)
einige Löffel-Biskuits
etwas Schokolade
Puderzucker
Hagelzucker
steif geschlagene Sahne

1.
Den Zucker mit dem Wasser aufkochen und kaltstellen.

2.
Die Kiwis schälen, kleinschneiden und fein pürieren. Durch ein Sieb streichen.

3.
Zuckerwasser und Kiwimasse mischen, Likör zugeben und aufschäumen. In eine Form füllen, verschließen und ins Gefrierfach stellen. Hin und wieder umrühren, damit keine großen Eiskristalle entstehen.

4.
Die Marmelade mit soviel Sekt verrühren, daß eine dicke Soße entsteht.

5.
Von der gefrorenen Kiwimasse mit einem Kaffee-Löffel kleine Wellen abstechen und sie auf einen gekühlten Glasteller setzen. Mit Zitronensoße überziehen und ein paar zarte Kronen aus Sahne aufsetzen. Puderzucker am Rand aufstreuen und die Masse mit Hagelzucker überstreuen. Mit Kiwischeiben garnieren.

Biskuits mit etwas geschmolzener Schokolade am Ende bestreichen und dazu reichen.

Dieter Dittmer (La Touraine, Saarbrücken), Karin Müller

7. Menü

Herta Urig,
Merchweiler

Frische Möhrensuppe

*

Schweinefilet in Bratwurst-Teig

und Feldsalat

*

Rote Grütze

Frische Möhrensuppe

300 g junge Möhren
300 g neue Kartoffeln
1 Becher süße Sahne
1 hartgekochtes Ei
Petersilie
Salz
Pfeffer

1.

Die Möhren und Kartoffeln garkochen und durch ein Sieb passieren. Mit Salz und Pfeffer abschmecken.

2.

Die süße Sahne unterrühren.

3.

Das Ei in Würfel schneiden. Die Suppe mit Petersilie und Eierwürfeln bestreuen.

Schweinefilet in Bratwurst-Teig

und Feldsalat

1 Schweinelende
200 g Kochschinken
1 Dose Champignons in Scheiben
200 g gewürfelten Gouda
400 g roher, feiner Bratwurst-Teig

Für den Salat:
Feldsalat
1 Becher Schmant (= saure Sahne)
1 Becher Sahne
Essig
Öl
Pfeffer
Salz

1.

Den Bratwurst-Teig mit Schinken, Champignons und Gouda vermischen.

2.

Eine Kastenform (26 cm) gut einfetten und die Hälfte des Teigs einfüllen.

3.

Schweinefilet gut pfeffern und salzen und in die Mitte des Teiges legen. Den restlichen Teig darübergeben und mit dem Käse bestreuen.

4.

90 Minuten bei 160° im Heißluftherd backen.

Mit frischem Baguette servieren.

Den Salat gut waschen und abtropfen lassen.

5.

Den Schmant und die Sahne mit Essig, Öl, Pfeffer und Salz gut verschlagen.

Extra zum Salat reichen.

Rote Grütze

500 g Erdbeeren
500 g Himbeeren
500 g Johannisbeeren
(ersatzweise entsteinte Sauerkirschen)
1 Vanillestange
3 EL Zucker
3 EL Gustin
1 Tasse Wasser

1.

Das Obst waschen und mit der aufgeschnittenen Vanillestange und dem Zucker zehn Minuten leise köcheln lassen.

2.

Die Vanillestange entfernen. Gustin einrühren und nochmals aufkochen lassen - kalt stellen.

Dazu Schlagsahne reichen.

8. Menü

Rita Wilhelm,
Wittlich

Rahmsuppe von frischen Gartenkräutern

✳

Hähnchenbrust
in einer Soße aus
Sommergemüse mit
Tomaten - Eisberg - Salat
in Joghurt-Dressing

✳

Erdbeercreme auf Mangomark

Rahmsuppe von frischen Gartenkräutern

4 Lauchzwiebeln
2 Knoblauchzehen
3 EL frischgehackte Kräuter
20 g Butter
200 ml Sahne
500 ml Fleischbrühe
2 Eigelb

1.
Die Lauchzwiebeln in Würfel schneiden.

2.
Die Butter in einen Topf geben und erhitzen. Knoblauchzehen, Kräuter und Lauchzwiebeln hinzufügen. Auf kleiner Flamme zehn Minuten leicht anschwitzen.

3.
Mit Sahne und Brühe auffüllen. Suppe etwas reduzieren und anschließend mit dem Pürierstab aufmixen.

4.
Durch ein Sieb passieren und mit Eigelb legieren. Eventuell noch abschmecken. Servieren.

Hähnchenbrust

in einer Soße aus
Sommergemüse mit
Tomaten-Eisberg-Salat
in Joghurt-Dressing

4 Hähnchenbrüste
2 Knoblauchzehen
2 Zwiebeln
100 g frische Champignons (in Scheiben geschnitten)
100 g Erbsen (TK)
100 g Karotten (in Scheiben geschnitten und leicht angedünstet)
4 EL Butter
1 Glas Weißwein
250 ml Sahne
Speisestärke
etwas geriebenen Käse

Für den Salat:
1 Kopf Eisbergsalat
500 g schnittfeste Tomaten
250 g Magerjoghurt
75 ml Milch
Salz
Pfeffer
Zitrone

1.
Die Hähnchenbrüste enthäuten und flachklopfen. Mit Salz und Pfeffer würzen; anschließend in Mehl wenden.

2.
Die Butter in einer Pfanne erhitzen und die Hähnchenbrüste auf jeder Seite ein bis zwei Minuten braten. Wieder herausnehmen.

3.
Die Zwiebeln in Würfel schneiden und im Fett hellgelb dünsten. Knoblauch und Gemüse dazugeben - aber nur ganz kurz mitdünsten.

4.
Den Wein dazugießen und alles aufkochen lassen.

5.
Die Sahne mit Stärke verrühren, dazugeben und nochmals aufkochen lassen. Die Hähnchenbrüste darin erhitzen.

6.
Das Ganze auf einer Platte anrichten und mit Käse und Petersilie bestreuen.

7.
Den Salat waschen und zerkleinern, Tomaten achteln; beides mischen.

8.
Die restlichen Zutaten vermischen und über den Salat gießen.

Erdbeercreme
auf Mangomark

250 g Erdbeeren
250 g Sahne
7 Blatt Gelatine
100 g Zucker
1 Mango

1.
Erdbeeren putzen und mit dem Zucker in etwas Wasser andünsten. Anschließend passieren und ein wenig abkühlen lassen.

2.
Die Gelatine einweichen, auflösen und mit den Erdbeeren verrühren.

3.
Die Sahne schlagen und unter die Erdbeer-Masse heben. Danach portionieren.

4.
Die Mango schälen, vom Kern lösen, weichdünsten und pürieren.

5.
Erdbeer-Creme und Mango-Püree auf einem Teller anrichten. Eventuell mit frischen Früchten und einem Sahne-Tupfer garnieren.

9. Menü

Susanne Golinski,
Rehlingen-Siersburg

Gemüse-Lasagne mit Lachs

※

Gefüllte Schweine-Lende

mit Karotten-Kartoffel-Plätzchen und überbackenen Champignon-Köpfen

※

Pfirsich-Halbgefrorenes

mit Preiselbeer-Mascarpone-Creme

Gemüse-Lasagne mit Lachs

12 Lasagne-Platten (vorgekocht)
1/4 l Bechamel-Soße
200 g Lachs
1 mittelgroße Aubergine
2 kleine Zucchinis
1 kleine Zwiebel
1 schöne Tomate
1 Knoblauchzehe
1 EL Balsamico-Essig
geriebener Gouda
Butter
etwas Kresse
Salz
Pfeffer

1.
Den Lachs etwa 10 Minuten pochieren.

2.
Aubergine, Zucchinis, Zwiebeln und Knoblauch in kleine Würfel schneiden.

3.
Zuerst Zwiebeln und Knoblauch in der Butter andünsten; die restlichen Gemüsewürfel dazugeben. Mit Salz und Pfeffer würzen und im offenen Topf weichgaren - es soll viel Flüssigkeit verdunsten. Gelegentlich umrühren.

4.
Eine feuerfeste Form mit den Lasagne-Platten auslegen. Mit Bechamel-Soße bestreichen und einige kleine Lachs-Stücke darauf verteilen. Mit Gemüse umlegen. Schichtvorgang wiederholen - oberste Schicht muß Bechamel-Soße sein. Darauf den geriebenen Käse verteilen

5.
Im Backofen bei 220⁰ 45 Minuten überbacken.

6.
Lasagne in schmale Streifen schneiden. Tomate achteln, mit Balsamico-Essig beträufeln und mit etwas Kresse garnieren. Zur Lasagne auf einem Teller reichen.

Gefüllte Schweine-Lende

mit Karotten-Kartoffel-Plätzchen und überbackenen Champignon-Köpfen

Für das Fleisch:
2 kleine Schweine-Lenden (ca. 450 g)
1 mittelgroße Zwiebel
1 Bund glatte Petersilie
4 cl Calvados
Salz
Pfeffer
Butter
Öl

Für die Karotten-Kartoffel-Plätzchen:
300 g Kartoffeln
200 g Möhren
2 Eier
Butter
Curry
Salz
Pfeffer

Für die Champignon-Köpfe:
8 Riesen-Champignons
5 EL Semmelbrösel
1 Knoblauchzehe
1 TL frischer Thymian
2 EL Olivenöl
Butter
Salz
Pfeffer

1.
Schweine-Lende von Häuten und Sehnen befreien.

2.
Petersilie und Zwiebel sehr klein schneiden und in Butter glasig dünsten. Mit Pfeffer und Salz abschmecken.

3.
Taschen in die Lenden schneiden - Abstand ca. 1,5 cm. Farce einfüllen.

4.
Öl und Butter heiß werden lassen, die Lenden von beiden Seiten ca. drei Minuten anbraten. Die Lenden in Alufolie wickeln und im vorgeheizten Backofen bei 200° 20 Minuten nachgaren.

5.
Den Bratenfond in der Pfanne mit dem Calvados ablöschen.

6.
Kartoffeln und Möhren schälen, grob raspeln und die Eier gut unterrühren.

7.
Mit den Gewürzen kräftig abschmecken.

8.
Kleine Plätzchen mit einem Teelöffel ausstechen und in der Butter ausbacken.

9.
Knoblauch zerdrücken. Semmelbrösel vorsichtig in der Butter braun werden lassen. Knoblauch und fein gewiegten Thymian mit den Gewürzen zugeben. Das Ganze erkalten lassen.

10.
Champignons putzen, Stiele abschneiden und die Köpfe von unten aushöhlen.

11.
Die herausgeschnittenen Teile sehr klein schneiden und unter die Semmelbrösel mischen. Die Köpfe mit der Masse füllen.

12.
Eine Form mit dem Olivenöl fetten und die Pilze darin 20 Minuten im Backofen garen.

Pfirsich-Halbgefrorenes

mit Preiselbeer-Mascarpone-Creme

4 Eier
175 g Zucker
2 EL heißes Wasser
300 g weiches Pfirsich-Fruchtfleisch, ohne Haut
250 ml Schlagsahne
Für die Preiselbeer-Mascarpone-Creme:
250 g Mascarpone
1 Eigelb
100 g Zucker
250 g küchenfertige Preiselbeeren
2 cl Cassis
etwas Block-Schokolade

1.
Eier trennen. Eigelbe mit dem Zucker und dem Wasser schaumig aufschlagen - erkalten lassen.

2.
Pfirsich-Fruchtfleisch kleinschneiden. Mit einem Eßlöffel Zucker und etwas Wasser weich werden lassen.

3.
Das Eiweiß steif schlagen; ebenso die Sahne.

4.
Sahne, Eigelbmasse und das Fruchtfleisch mischen; den Eischnee vorsichtig unterheben.

5.
Das Ganze in eine gefrierfähige, runde Form geben und ins Gefrierfach stellen.

6.
Die Preiselbeeren mit dem Cassis etwa zwei Minuten dünsten.

7.
Mascarpone mit Eigelb und Zucker kräftig schlagen - die Preiselbeeren dazugeben. Eine Stunde durchziehen lassen.

8.
Die gefrorene Pfirsich-Masse in Tortenstücke oder in Scheiben schneiden und auf einen Teller geben.

9.
Die Mascarpone-Creme vom Eisstück halb auf den Teller laufen lassen. Die Block-Schokolade auf eine Seite der Creme raspeln.

10. Menü

Barbara Bach,
Wallerfangen

Fruchtige Tomatensuppe
mit Sahnehäubchen
und Mandeln

✳

Kaninchen in Sahnesoße
mit Bandnudeln,
frischem Spargel
und Zucker-Erbsen

✳

Eiskalter Grießflammeri
mit beschwipsten
Schattenmorellen

Fruchtige Tomatensuppe
mit Sahnehäubchen
und Mandeln

1,5 kg Tomaten
1 große Zwiebel
1-2 Knoblauchzehen
3 EL Olivenöl
200-300 ml Geflügelfond
Tomatenmark
125 ml Sahne
20 g blättrige Mandeln
Pfeffer
Salz
1 Messerspitze geriebene Muskatnuß
1/2 TL Zucker
Basilikum
Petersilie

1.
Den Stielansatz von den Tomaten entfernen. Tomaten und Zwiebeln würfeln und im Olivenöl andünsten. Mit Pfeffer, Salz, Muskatnuß und Zucker würzen.

2.
Basilikum und Petersilie kleinhacken, Knoblauchzehen pressen. Das Ganze mit 200 ml Geflügelfond zu den Tomaten gießen und bei schwacher Hitze 60 Minuten garen.

3.
Die Suppe durch ein Sieb passieren, mit Tomatenmark binden und erneut abschmecken. Eventuell noch etwas Geflügelfond hinzufügen

4.
Die Mandeln in einem Topf anrösten. Die Sahne steif schlagen.

5.
Die Tomatensuppe in angewärmten Suppentellern oder -tassen anrichten. Einen Teelöffel Sahne dazugeben, mit Mandeln bestreuen und mit zwei Blättern Basilikum garnieren.

Kaninchen in Sahnesoße
mit Bandnudeln,
frischem Spargel
und Zucker-Erbsen

1 Kaninchen
200 g Dörrfleisch
1 Zwiebel
Butterschmalz
1 gestr. EL Mehl
200 ml weißen Burgunder
3 EL Weinessig
5-6 Knoblauchzehen
1 Messerspitze geriebene Muskatnuß
Pfeffer
Salz
250 ml Sahne
2 Eigelb

Für die Zucker-Erbsen:
250 g Zucker-Erbsen
2 EL Butter
Pfeffer
Muskatnuß
Salz

Für den Spargel
1 kg Spargel
2 EL Butter
Pfeffer
Salz
Zucker
Muskatnuß
einige Petersilienstiele

1.
Das Dörrfleisch würfeln, die Zwiebeln kleinhacken.

2.
Butterschmalz zerlassen und die Kaninchenstücke darin anbraten. Dörrfleisch und Zwiebel dazugeben und einige Minuten bräunen lassen.

3.
Das Mehl darüberstäuben, mit Wein und Essig ablöschen. Mit Muskat, Pfeffer und Salz würzen.

Jürgen Klein

4.

Den Knoblauch schälen, die Zehen andrücken und ganz in den Sud geben. 45 Minuten bei schwacher Hitze garen.

5.

200 ml Sahne zu dem Kaninchen geben und weitere 30 Minuten garen.

6.

Das Kaninchen zerlegen und die Fleischstücke auf einer vorgewärmten Platte anrichten.

7.

Die restliche Sahne mit den beiden Eigelb verrühren; die Soße binden und über das Fleisch gießen.

8.

Die Zucker-Erbsen von den Fäden befreien und waschen. In Salzwasser acht Minuten blanchieren.

9.

Die Butter in einem Topf erhitzen und die Zucker-Erbsen darin schwenken. Mit Pfeffer, Salz und Muskatnuß würzen.

10.

Mit den Bandnudeln auf einer Platte anrichten.

11.

Den Spargel waschen und schälen. Schalen aufheben.

12.

1 l Wasser mit etwas Zucker und Salz zum Kochen bringen. Die Schalen darin auskochen.

13.

Die Schalen aus dem Sud nehmen und die Spargelstangen je nach Sorte 20 bis 30 Minuten garen.

14.

In der Zwischenzeit die Butter mit Pfeffer, Salz und Muskatnuß leicht anbräunen und die kleingehackten Petersilienstiele zugeben.

15.

Den Spargel auf einer vorgewärmten Platte anrichten und die heiße Butter über den Spargel gießen.

Eiskalter Grießflammeri

mit beschwipsten Schattenmorellen

500 ml Milch
80 g Grieß
3 Blatt Gelatine
Schale von je einer unbehandelten Orange
und Zitrone
6 cl Orangenlikör
500 ml Sahne
100 g Zucker
das Mark einer Vanillestange
1 Prise Salz
500 g entsteinte Schattenmorellen
100 ml Wasser
3 EL Zucker
1 EL Stärke
Kirschwasser

1.

Die Gelatine in kaltem Wasser einweichen.

2.

Die Milch salzen und zum Kochen bringen. Den Grieß einstreuen und das Ganze fünf Minuten kochen. Die Masse anschließend in eine große Porzellanschüssel geben.

3.

Die eingeweichte Gelatine unter den Grieß heben, in der heißen Masse gut durchrühren und im Wasserbad kaltschlagen.

4.

Orangen- und Zitronenschale reiben, mit dem Orangenlikör der Masse hinzufügen und verrühren.

5.

Die Sahne mit dem Zucker und dem Vanille-Mark steif schlagen. Unter die Grießmasse heben.

6.

Den Grießflammeri in eine runde, mit Wasser ausgespülte Schüssel geben. 30 Minuten in die Gefriertruhe stellen.

7.

Die Schattenmorellen mit dem Wasser und dem Zucker 10 Minuten kochen lassen.

8.

Schattenmorellen abgießen. Den Kirschsud mit der Stärke binden und mit dem Kirschwasser abschmecken. Die Kirschen in den Fond geben und umrühren.

9.

Grießflammeri auf einen Teller stürzen. Die heißen Kirschen als Kranz um den eiskalten Grießflammeri verteilen.

11. Menü

Bertram Schambil,
Wadgassen

Wirsing-Kuchen mit Krebsen

✻

Entenbraten
in Essig-Karamelsoße

✻

Apfelgratin mit Vanille-Eis

Wirsing-Kuchen mit Krebsen

400 g Wirsing
2 Schalotten
200 g Blätterteig
150 ml Sahne
3 Eier
Butter
Pfeffer
Salz
Muskat

Für die Krebs-Soße:
20 frische Krebse
500 ml trockener Weißwein
50 ml Portwein
250 ml Sahne
125 g Butter
Dill
Kümmel
Wurzelgemüse
(Schalotte, Karotte, Lauch, Sellerie)
Tomatenmark
Cognac

1.
Die Krebse mit Dill und Kümmel kochen. Schwänze und Scheren ausbrechen.

2.
Die Krebskarkassen zerkleinern und mit wenig Butter sowie dem Wurzelgemüse gut anrösten. Tomatenmark und Gewürze zugeben.

3.
Mit Cognac ablöschen; den Weißwein und den Portwein zugießen. Alle Zutaten sollten bedeckt sein; eventuell etwas Wasser zugeben.

4.
Das Ganze 20 Minuten köcheln lassen, passieren und kräftig einkochen.

5.
Mit Sahne auffüllen, zur gewünschten Konsistenz einkochen und mit Butter aufschlagen.

Entenbraten
in Essig-Karamelsoße

Apfelgratin
mit
Vanille-Eis

2 Barberie-Enten
Öl
schwarze Pfefferkörner
Salz

Für die Essig-Karamelsoße:
2 EL Zucker
2 EL Balsamico
2 EL Himbeer-Essig
1,5 EL Fleischfond-Extrakt
1/2 Tasse Kalbsfond
1 Glas Weißwein
schwarzer Pfeffer
Salz

Für die Vanille-Creme:
3 Eigelb
75 g Zucker
250 ml Milch
1/2 Vanille-Schote

Für den Apfelgratin:
4 Renette Äpfel
100 ml geschlagene Sahne
Vanille-Eis
1 TL Zimt
Butter
Zucker

1.
Die Enten von außen gründlich mit Salz und zerstoßenem schwarzen Pfeffer einreiben. In heißem Öl von allen Seiten anbraten, bis die Haut goldbraun ist. Beim Anbraten nochmal nachsalzen.

2.
Die Enten in einen Schmortopf legen und im vorgeheizten Ofen bei 80° mindestens 2 bis maximal 5 Stunden braten.
In der Zwischenzeit die Soße bereiten:

3.
Den Zucker in einer schweren Kasserolle zu braunem Karamel schmelzen lassen. Mit dem Essig, dem Kalbsfond und dem Weißwein ablöschen. Um die Hälfte einkochen lassen und dabei das Fleischextrakt in die Soße geben.

4.
Mit wenig Salz und etwas Pfeffer abschmecken.

5.
Die Enten aus dem Ofen nehmen und mit der Soße bestreichen. Anschließend kurz in den Grill oder unter die Oberhitze des Ofens legen.

6.
In die restliche Soße einige Butterstückchen einschlagen und die Haut der Enten damit glacieren.

7.
Jetzt kann man die Enten tranchieren. Als Beilage passen Zucker-Erbsen am besten.

1.
In einer Kasserolle die Eigelb mit dem Zucker schaumig schlagen.

2.
Die Milch mit der halben Vanille-Schote aufkochen.

3.
Die kochende Milch in einem dünnen Strahl in die Eier-Zucker-Mischung schlagen.

4.
Die Masse bei kleinster Flamme mit einem Holz-Spatel so lange rühren, bis sie andickt und den Spatel überzieht. Durch ein Spitzsieb in eine Schüssel gießen.

5.
Die Äpfel schälen und in feine Spalten schneiden. In eine feuerfeste Form schichten, leicht zuckern und mit einigen Butterflocken belegen. Bei 180° zehn Minuten im Ofen backen.

6.
Die Vanille-Creme mit dem Zimt vermischen und die geschlagene Sahne unterziehen.

7.
Die gebackenen Äpfeln auf Tellern anrichten, mit der Creme umgießen und bei starker Oberhitze zwei Minuten gratinieren.

8.
Die Äpfel aus dem Ofen nehmen, Vanille-Eis dazugeben und heiß servieren.

6.
Den Blätterteig in einer Kuchenform (Durchmesser 30 cm) im Ofen bei 170° 15 Minuten backen.

7.
Den Wirsing blanchieren, hacken und mit den ebenfalls gehackten Schalotten in Butter andünsten.

8.
Die Eier verquirlen und mit Salz, Pfeffer sowie Muskat würzen.

9.
Den Wirsing auf den vorgebackenen Teig schichten, mit der Sahne-Eier-Mischung übergießen und im Ofen bei 180° 45 Minuten backen.

10.
Die Krebse in der Soße erwärmen und zum Kuchen servieren.

12. Menü

Holger Gettmann,
Scheidt

Krabben-Melonen-Salat

*

Curry-Huhn mit Koriander

*

Beeren-Melone

Krabben-Melonen-Salat

eine kleine Honigmelone
250 g Krabben
Saft einer halben Zitrone
Für die Soße:
100 g Frischkäse
6-8 EL Buttermilch
4 EL Naturjoghurt
1 TL Dill-Essig
2 EL gehackter Dill
Salz
Pfeffer

1.
Das Melonenfleisch in kleine Würfel (ca. 1 cm) schneiden und mit den Krabben mischen. Mit dem Zitronensaft beträufeln und beiseite stellen.

2.
Den Frischkäse mit der Buttermilch und dem Joghurt zu einer halbflüssigen Creme verrühren; den Dill-Essig dazugeben. Mit Pfeffer und Salz abschmecken. Zum Schluß den Dill unterrühren. (Etwas Dill für die Dekoration aufheben).

3.
Die Soße über die Melonenwürfel und die Krabben gießen, in kleinen Schälchen anrichten und mit dem restlichen Dill verzieren. Kalt stellen.

Curry-Huhn mit Koriander

1 Brathuhn (ca. 1500 g)
1 Zwiebel
1 Möhre
1 Selleriestange
1 Lorbeerblatt
3 Petersilien-Stengel
3 Liebstöckl-Zweige
1 TL Salz
5 Pfefferkörner

Für die Curry-Soße:
3 EL Kokosflocken
1 große Zwiebel
2 Knoblauchzehen
50 g Butter
1 EL mildes Curry-Pulver
1 Prise Safran
1/4 TL gestoßener Kümmel
1/4 TL gestoßener Koriander
1 Prise Cayenne-Pfeffer
1 EL rotes Johannisbeer-Gelee
den Saft einer halben Zitrone
4 EL Mehl
4 EL Joghurt
2 EL gehackte Mandeln
2 EL gehackte Koriander-Blätter

1.
Zwiebel, Möhre und Sellerie säubern und hacken.

2.
Das Brathuhn zusammen mit dem Gemüse, dem Lorbeerblatt, der Petersilie, dem Liebstöckl sowie dem Salz und den Pfefferkörnern in einen Topf geben. Mit kaltem Wasser aufgießen, bis alles bedeckt ist. Eine Stunde kochen.

3.
Wenn das Huhn weich ist, das Fleisch von der Brühe trennen. Fleisch auslösen und in kleine Würfel schneiden.

4.
Die Hühnerbrühe durch ein feines Sieb passieren. Etwa 600 ml Brühe werden gebraucht. Man kann die Brühe also entsprechend einkochen - dadurch wird sie auch ausreichend dick.

5.
Die Hälfte der Brühe über die Kokosflocken gießen und 15 Minuten ziehen lassen.

6.
Die Zwiebel schälen und sehr fein hacken. Den Knoblauch schälen und im Mörser zerquetschen.

7.
Die Butter in einem großen Topf erhitzen, die Zwiebel darin glasig dünsten und den Knoblauch hinzugeben. Nach und nach unter ständigem Rühren die restliche Brühe und die Gewürze einrühren.

8.
15 Minuten bei kleiner Flamme köcheln. Dann das Johannisbeer-Gelee und den Zitronensaft dazugeben.

9.
Die Kokosbrühe durchsieben, die Kokosflocken gut auspressen und die Brühe ebenfalls zugießen.

10.
Mehl und Joghurt zu einer cremigen Paste rühren und unter ständigem Rühren in die Soße geben.

11.
Die Fleischstücke in der Soße nochmals erhitzen. Die Mandeln und die Koriander-blätter unterrühren. Vor dem Servieren einige Minuten ziehen lassen.

Dazu paßt am besten ein körniger Reis. Als Getränk empfiehlt sich ein trockener Weißwein (etwa ein Burgunder). Wer es lieber würzig mag, sollte einen Gewürztraminer aus dem Elsaß dazu trinken.

Beeren-Melone

2 Zuckermelonen
2 Tassen Erdbeeren
2 Tassen Brombeeren
2 Tassen Himbeeren
1 Tasse dunkle Kirschen
1 Tasse geschälte, kleingeschnittene Bananen

Für die Soße:
2 TL Honig
6 EL Ahornsirup
4 EL Calvados
1 EL Cognac
1 Spritzer Zitronenlikör
3 EL geschälte und geteilte Pistazienkerne

1.
Die Melonen halbieren und das Kerngehäuse entfernen. Mit einem Kugelstecher oder einem kleinen Löffel das Melonenfleisch in Kügelchen herausstechen, mit den übrigen Früchten vermischen und wieder in die Melonenschalen füllen.

2.
Honig, Ahornsirup, Calvados, Cognac und Likör mit etwas Melonensaft in einer Kasserolle zum Sieden bringen. Die Mischung aber nicht kochen lassen.

3.
Die Soße über die gefüllten Melonen-Hälften verteilen.

4.
Die Melonen-Hälften in einer aromadichten Folie verschließen und bis zum Essen kaltstellen.

13. Menü

Meta Fey,
Quierschied

Knoblauchsuppe

∗

Schinken-Käse-Filet

mit Feldsalat
oder grünem Salat

∗

Melonen-Walderdbeer-Dessert

Knoblauchsuppe

5 Knoblauchzehen
4 Tomaten (120 g)
1 kleine Stange Lauch
1 Bund Petersilie
75 g Champignons
40 g Butter (oder 4 EL Öl)
1 l Gemüsebrühe
den Saft einer halben Zitrone
1 Prise Zucker
etwas Maggikraut (Liebstöckel)
Cayennepfeffer
Pfeffer
Salz

1.

Den Knoblauch schälen und sehr fein hacken. Tomaten häuten, Stengelansatz herausschneiden und fein würfeln. Den Lauch in schmale Ringe schneiden; Petersilie und Champignons waschen, trockentupfen und fein schneiden.

2.

Butter bzw. Öl in einem Topf erhitzen, das Gemüse dazugeben und unter Rühren 10 Minuten durchschwitzen.

3.

Mit der heißen Gemüsebrühe aufgießen und aufkochen. Mit Zitronensaft, Maggikraut, einer Prise Zucker, Cayennepfeffer sowie Pfeffer und Salz abschmecken. Sofort servieren.

Schinken-Käse-Filet

mit Feldsalat oder grünem Salat

1-2 Schweinefilets
300-400 g Gouda
200 g roher Schinken in Scheiben
8-10 Pellkartoffeln
2 große Zwiebeln
4 Knoblauchzehen
100 g frische Erbsen (oder TK)
1 Becher Rahm
1 Becher Crème fraîche
200 g alten geriebenen Gouda
Schnittlauch
Petersilie
Curry
Paprika
Pfeffer
Salz

1.
Eine Auflaufform ausbuttern. Die Pellkartoffeln kreisförmig in die Form setzen.

2.
Das Schweinefilet in dicke Stücke schneiden und in diese Taschen schneiden. Den Gouda in ebensoviele Stücke schneiden, wie Filetstücke vorhanden sind. In die Filetstücke den Käse und den Schinken hineinschieben.

3.
Die gefüllten Filetstücke in die Mitte der Form legen. Alles salzen und pfeffern.

4.
Die Zwiebeln in Ringe schneiden, den Knoblauch fein würfeln und mit den Erbsen über das Fleisch und die Kartoffeln geben.

5.
Schnittlauch und Petersilie klein schneiden und ebenfalls darüber verteilen. Mit Curry und Paprika würzen.

6.
Rahm und Crème fraîche aufschlagen und darübergießen. Dick mit dem Reibe-Käse bestreuen. Bei 190° 45 Minuten im Backofen überbacken.

Dazu einen Feldsalat oder einen grünen Salat servieren. Ein leichter Rosé schmeckt zu diesem Essen am besten.

Melonen-Walderdbeer-Dessert

1 Honigmelone
50 g Walderdbeeren
4 EL Sherry
1 Portion Vanille-Eis
50 g Kokosflocken
1 TL Butter

1.
Die Melone vierteln, entkernen und das Fruchtfleisch mit Sherry beträufeln.

2.
Die Kokosflocken in der Butter rösten.

3.
Das Vanille-Eis darübergeben und anschließend mit den Walderdbeeren und den gerösteten Kokosflocken bestreuen.

Anstelle der Kokosflocken kann man auch geröstete, blättrige Mandeln verwenden.

14. Menü

Jürgen Klein,
Mandelbachtal

Soufflé von Jakobsmuscheln

✳

Lamm-Nüßchen "Mandelbachtal"

Broccolimus und Wecktaler

✳

Halbgefrorenes von frischen Erdbeeren

Soufflé von Jakobsmuscheln

300 g Muschelfleisch
2 Eier
50 g geriebenen Gouda
Pfeffer
Salz

1.
Muschelfleisch 10 Minuten sieden und abkühlen lassen.

2.
Rogen vom Fleisch trennen und in kleine Würfel schneiden. Das Muschelfleisch pürieren.

3.
Die Eier trennen und die Eigelbe zum Muschelfleisch geben. Gouda und Rogen hinzufügen.
Mit Pfeffer und Salz abschmecken.

4.
Das Eiweiß zu Schaum schlagen und unter die Muschelmasse heben.

5.
Kleine, feuerfeste Förmchen einfetten und die Masse hineinfüllen. Im vorgeheizten Backofen 15 Minuten bei 175° stocken lassen. Sofort heiß servieren.

Lamm-Nüßchen "Mandelbachtal"

Broccolimus und Wecktaler

800-1000 g Lamm-Nüßchen
600 g Broccoli
2 EL Sahne
20 g Butter
Pfeffer
Salz

Für die Soße:
200 g Crème double
1 TL mittelscharfer Senf
3 TL süßer Senf
etwas Champagner (oder trockener Sekt)
Pfeffer
Salz

Für die Wecktaler:
Entweder fertige Semmelknödel
oder 6 trockene Weck
1 l Vollmilch
3 Eier
etwas Paniermehl
Muskat

1.
Die Weck in Milch einweichen und in einem Tuch gut ausdrücken.

2.
Die Eier in die Weckmasse geben, vermischen und mit Muskat und Salz abschmecken.

3.
Klöße formen und in siedendem Wasser 20 Minuten ziehen lassen. Herausnehmen und erkalten lassen.

4.
Die Lamm-Nüßchen im vorgeheizten Backofen 45 Minuten bei 180° braten.

5.
In der Zwischenzeit den Broccoli waschen und in Salzwasser garen.

6.
Die erkalteten Klöße in 1 Zentimeter dicke Scheiben schneiden; in Ei und Paniermehl wenden.

7.
Den Broccoli pürieren und mit Sahne, Salz und Pfeffer verfeinern.

8.
Etwas Butter in einer feuerfesten Form zergehen lassen und das Gemüse noch einmal gut erhitzen - warmstellen.

9.
Die Soße: Crème double, Senf und etwas Bratenfond vom Lamm erhitzen. Etwas Champagner oder Sekt hinzufügen und mit Pfeffer und Salz abschmecken - warmstellen.

10.
Wecktaler in einer Pfanne auf beiden Seiten goldgelb braten.

11.
Das Lammfleisch in Scheiben schneiden. Mit den Wecktalern, dem Broccoli und der Soße servieren.

Dazu paßt ein 1990er roter Spätburgunder aus Baden.

Halbgefrorenes von frischen Erdbeeren

250 g Erdbeeren
125 ml Sahne
125 ml halbtrockener Weißwein
3 Eigelb
100 g Zucker

1.
Erdbeeren waschen und pürieren.

2.
Sahne, Wein, Eigelbe und Zucker untermischen; gut durchschlagen und in eine längliche Kuchenform geben.

24 Stunden im Gefrierschrank stehen lassen.

3.
Erst vor dem Servieren die Eismasse aus der Form stürzen und in Scheiben auf Tellern anrichten.

15. Menü

Christel Scherer,
Dillingen

Kerbelsuppe mit Gerste

✳

Salat-Teller "Sommerfrische"
und Tofu-Geschnetzeltes

✳

Gefüllte Melonen

Kerbelsuppe mit Gerste

4 EL feines Gersten-Vollkornschrot
1 l Gemüsebrühe
8 EL Sahne
20 g Kerbel
1 Prise Fenchel
1 Prise Anis
frisch geriebene Muskatnuß
Meersalz

1.
Das Gersten-Vollkornschrot in einem heißen Topf ohne Fett einige Minuten leicht rösten.

2.
Die kalte Gemüsebrühe dazugeben, gut durchrühren und aufkochen lassen - dabei ständig rühren. Dann einige Minuten ausquellen lassen.

3.
Die Suppe mit den Gewürzen pikant abschmecken.

4.
Die Sahne leicht anschlagen und in die Suppe einrühren.

5.
Den Kerbel waschen, fein hacken und über die Suppe streuen.

Salat-Teller "Sommerfrische"
und Tofu-Geschnetzeltes

Für den Salat-Teller:
1 Kopfsalat
8 Radieschen
2 Möhren
4 EL blanchierte Maiskörner
1 Bund Brunnenkresse
4 EL kalt gepreßtes Sonnenblumenöl
2 EL Obstessig
Kräutersalz
etwas Honig
gemahlener Koriander
gemahlener Kümmel

Für das Tofu-Geschnetzelte:
250 g Tofu
500 ml Gemüsebrühe
1 Tasse Vollkornmehl
Öl
2 EL Butter
1 Zwiebel
1 rote Paprikaschote
100 g frische Champignons
1 Becher Crème fraîche
1 EL Speisestärke
Meersalz
frisch gemahlenen Pfeffer
1 Prise Muskat
einige Spritzer Soja-Soße
50 g geriebenen Parmesan
1 Bund Petersilie

1.
Das Kräutersalz in eine Schüssel geben und solange mit dem Obstessig verrühren, bis es sich aufgelöst hat.

2.
Mit Honig, Koriander und Kümmel pikant abschmecken. Das Öl langsam darunter schlagen.

3.
Den Salat putzen, waschen und trockenschleudern. Die Blätter auf vier Tellern verteilen.

4.
Die Radieschen und Möhren putzen und waschen. Die Radieschen in Scheiben schneiden, die Möhren grob raspeln. Beides mit den Maiskörnern mischen.

5.
Die Zutaten mit der Salatsoße mischen und über die Salatblätter geben.

6.
Die Brunnenkresse waschen, trockentupfen und damit den Salat garnieren. Je nach Geschmack einige geröstete Sonnenblumenkerne über den fertigen Salat verteilen.

7.
Den Tofu in schmale Streifen schneiden, in die heiße Gemüsebrühe geben und 15 Minuten ziehen lassen.

8.
Tofu herausnehmen, gut abtropfen lassen, im Mehl wenden und in einer Pfanne mit etwas Öl braten.

9.
Paprika putzen und in kleine Würfel schneiden; ebenso die Zwiebel. Die Champignons waschen und in Scheiben schneiden.

10.
Die Butter in einem Topf erhitzen und die Zwiebel sowie die Paprikaschote darin glasig dünsten. Die Champignons dazugeben. Das Ganze mit dem Weißwein und der Gemüsebrühe ablöschen.

11.
Die Crème fraîche unterziehen und den Tofu dazugeben. Bei mittlerer Hitze fünf bis zehn Minuten schmoren lassen.

12.
Die Speisestärke anrühren und das Ganze damit abbinden. Mit Meersalz, Pfeffer, Muskat und Soja-Soße abschmecken.

13.
Mit dem Parmesan-Käse verfeinern und mit der feingehackten Petersilie bestreut servieren.

Dazu schmeckt in Gemüsebrühe gegarter Natur-Reis oder eine Reismischung.

Gefüllte Melonen

2 kleine Honigmelonen
200 g Beerenfrüchte (Erdbeeren, Himbeeren, rote und schwarze Johannisbeeren)
100 g Sahne
4 TL Sanddorn-Saft
etwas Honig
einige Pfefferminz-Zweige

1.
Die Melonen halbieren, Kerne entfernen und das Fruchtfleisch am besten mit einem Grapefruit-Messer aus der Schale lösen. In Würfel schneiden. In die Schalen einen Zick-Zack-Rand schneiden und aufbewahren.

2.
Die Beeren verlesen und ganz kurz waschen. Einige Beeren zum Garnieren beiseite legen.

3.
Die Sahne leicht anschlagen. Die Früchte mit dem Sanddorn-Saft und etwas Honig unter die Sahne ziehen; anschließend in die Melonenschale füllen.

4.
Mit den Beeren und Pfefferminz-Blättern garnieren.

71

16. Menü

Cornelia Jäger,
Bischmisheim

Salat Biniou

✳

Lachs im Kräutermantel

✳

Profiterole

Salat Biniou

1 Frisée-Salat
1 1/2 Päckchen Salat-Garten-Kräuter
1 Knoblauchzehe
3-4 EL Distelöl
12-16 Scheiben gebeizten Lachs
(je nach Größe)
(ersatzweise Räucher-Lachs)
4 Scheiben Gänseleber-Pastete
rote Pfefferkörner

1.
Den Salat putzen, waschen und gut abtropfen lassen.

2.
Die Knoblauchzehe pressen und mit den Garten-Kräutern sowie Öl und Wasser vermischen.

3.
Den Salat anmachen und auf vier Tellern anrichten. Die Lachs-Scheiben darauflegen.

4.
Die Gänseleber-Pastete in die Mitte legen; mit dem roten Pfeffer bestreuen.

Dazu geröstete Vollkorn-Flûtes reichen.

Lachs im Kräutermantel

1200 g Lachs-Filet
3-4 EL Halbfett-Butter
je 1 EL Dill, Petersilie, Schnittlauch
3 Knoblauchzehen
1/2 Zwiebel
1 Prise Salz
1 Prise Pfeffer
10 Scheiben Blätterteig (gefroren)
4 Karotten mit Kraut
1 kleine Zucchini
4 Blumenkohl-Röschen
4 Kartoffeln
1 Päckchen Soße Hollandaise
75 g Butter
1 EL Sahne
1 Eigelb

1.
Den Lachs abwaschen und trockentupfen.

2.
Die Kräuter fein hacken, den Knoblauch pressen und die Zwiebel in kleine Würfel schneiden. Die Butter in einer großen Auflauf-Form schmelzen und alles dazugeben.

3.
Den Lachs in vier Portionen teilen, in der Kräuterbutter mehrmals wälzen und im Backofen fünf Minuten bei 200° dünsten.

4.
Jeweils zwei Lachs-Scheiben an den Enden mit Wasser einpinseln. Die Enden aneinanderdrücken.

5.
Den Blätterteig mit Kräuterbutter bestreichen und den Lachs darauf legen. Die restliche Kräuterbutter über den Lachs geben und den Teig zuklappen.

6.
Aus den übrigen zwei Teig-Scheiben Muster (z.B. Blätter) schneiden und die Taschen damit garnieren. Mit Eigelb bestreichen.

7.
Ein Backblech mit Wasser abspülen und die Teig-Taschen darauflegen. Im Ofen 20 Minuten bei 200° backen.

8.
Kartoffeln schälen, waschen, teilen und in Salzwasser garkochen.

9.
Die Karotten putzen und das Kraut bis auf 3 Zentimeter abschneiden. Den unteren Teil der Karotten entfernen und den Rest fächerförmig einschneiden. In Salzwasser zehn Minuten kochen.

10.
Den Blumenkohl ebenfalls waschen und in Salzwasser zehn Minuten garen

11.
Die Zucchinis waschen, in etwa 3 Zentimeter dicke Scheiben schneiden und in Salzwasser mit etwas Pfeffer kochen.

12.
Die Soße Hollandaise nach Anleitung zubereiten.

13.
Das Gemüse und die Kartoffeln abtropfen lassen und warmstellen.

14.
Den Lachs auf vorgewärmte Teller geben; Gemüse und Kartoffeln um den Lachs herum anrichten und die Soße darübergießen.

Dazu schmeckt ein feiner, gutgekühlter Sancerre-Wein, der auch zur Nachspeise paßt.

Profiterole

Für den Teig:
250 ml Wasser
80 g Butter oder Margarine
125 g Mehl
30 g Speisestärke
4 Eier
1 gestr. TL Backpulver
1 Prise Salz
Vanille-Eis
Schokoladen-Soße
Puderzucker

1.
Wasser, Fett und Salz in einem Topf zum Kochen bringen. Mehl und Speisestärke mischen, dazugeben und verrühren, bis sich der Teigkloß vom Topf löst und der Boden einen weißen Belag zeigt.

2.
Den Kloß in eine Schüssel umfüllen und die Eier langsam einrühren, bis der Teig zähflüssig vom Löffel reißt. Dann das Backpulver unterrühren.

3.
Ein Backblech fetten und mit Mehl bestäuben. Mit einem Spritzbeutel zwölf kleine Häufchen in weiten Abständen auf das Blech setzen. Im vorgeheizten Backofen 20 Minuten bei 250° backen.

4.
Die warmen Windbeutel aufschneiden und abkühlen lassen.

5.
Die Beutel mit Vanille-Eis füllen und die Deckel aufsetzen. Auf einen Teller setzen und mit Schokoladen-Soße übergießen. Mit Puderzucker bestäuben.

17. Menü

Marie-Louise Weiß-Erhardt,
Mainz

Bunte Salat-Spieße
mit Senf-Dressing

✳

Lyoner im grünen Nest

✳

Kirschen-Joghurt-Schnitte
mit Zimtschaumsoße

Bunte Salat-Spieße
mit Senf-Dressing

1 rote Paprikaschote
1 gelbe Paprikaschote
1 grüne Paprikaschote
1 Salatgurke
6 kleine, feste Tomaten
8 Schaschlik-Spieße

Für das Dressing:
8 EL Öl
4 EL Weißwein-Essig
1 TL milder Senf
1/4 TL Zucker
flüssige Speisewürze
Pfeffer
Salz

1.
Die Paprika in eckige Stücke schneiden (etwa vier mal vier Zentimeter). Die Tomaten vierteln und die ungeschälte Gurke in etwa ein Zentimeter dicke Scheiben schneiden.

2.
Die Dressing-Zutaten glattrühren und kräftig würzen.

3.
Die Salat-Stücke farblich abwechselnd auf die Spieße stecken und in einer flachen Schüssel nebeneinander legen. Mit dem Dressing übergießen und 15 Minuten ziehen lassen.

Lyoner im grünen Nest

750 g Lyoner
1500 g mehlige Kartoffeln
500 g Zwiebeln
4 EL pürierter, ausgedrückter Spinat
Milch
Muskat
Pfeffer
Salz
8 EL fertige Bechamel-Soße
1 Knoblauchzehe

1.
Die Knoblauchzehe durch eine Presse drücken und mit der heißen Bechamel-Soße verrühren. Mit Salz, Pfeffer, Muskat und flüssiger Speisewürze kräftig abschmecken. Kurz aufwallen lassen und warmhalten.

2.
Die Kartoffeln und Zwiebeln vierteln und zusammen in Salzwasser weichkochen.

3.
In der Zwischenzeit die Lyoner abziehen, in acht flache Stücke schneiden und goldbraun grillen oder braten.

4.
Die Kartoffel und Zwiebeln abgießen, abdämpfen und durch eine Kartoffelpresse drücken.

5.
Den pürierten Spinat unterrühren und mit kochend heißer Milch zu Püree verrühren. Mit Salz, Pfeffer und Muskat herzhaft würzen.

6.
Das Zwiebel-Spinat-Kartoffel-Püree flach auf heiße Teller verteilen. Die Lyoner-Stücke in die Mitte geben und etwas Bechamel-Knoblauch-Soße darübergeben.

Kirschen-Joghurt-Schnitte
mit Zimtschaumsoße

250 g Sahne-Joghurt mit Kirschen
250 g abgegossene Sauerkirschen
250 ml Kirschsaft
Puderzucker
1 Prise Salz
6 Blatt Gelatine
2 cl Kirsch-Likör (es geht auch ohne)
Für die Soße:
250 ml fertige Vanille-Soße
1 TL Zimt
1 Eiweiß

1.
Eine kleine Kastenform naß mit Klarsichtfolie auslegen.

2.
Die Gelatine fünf Minuten kalt einweichen.

3.
Den Joghurt und den Kirschsaft auf Handwärme erhitzen und die Gelatine darin auflösen.

4.
Vom Herd nehmen, Kirschlikör und Kirschen einrühren. Nach Geschmack mit Puderzucker nachsüßen.

5.
In die Form gießen und über Nacht kaltstellen.

6.
Unter die fertige Vanille-Soße den Zimt rühren. Unmittelbar vor dem Servieren das Eiweiß steif schlagen und locker unterziehen.

7.
Die Kirschen-Schnitten mit einem Elektromesser portionieren und auf einem Spiegel von Zimtschaumsoße servieren.

Dazu paßt Vanille-Eis mit Sahne.

18. Menü

Dr. Horst Simmer,
Wadgassen

Krabben-Cocktail

✳

Rindersteaks
in Pfefferrahm-Soße

✳

Vanille-Eis
mit heißen Himbeeren

Krabben-Cocktail

200 g Krabben (TK)
100 g Champignons
100 g Ananas-Stücke
125 g Mayonnaise
125 g Joghurt
3 EL Tomaten-Ketchup
1 EL Whisky
2 Zitronen
4 Zweige Dill
Worchester-Soße
Tabasco-Soße
Salz

1.
Eine Zitrone auspressen. Mayonnaise und Joghurt vermischen. Mit Ketchup, Worchester-Soße, Zitronensaft und Whisky abschmecken. Die Soße mit Tabasco nachwürzen.

2.
Krabben mit kaltem Wasser abbrausen und abtropfen lassen.

3.
Die Champignons waschen und in dünne Scheiben schneiden.

4.
Krabben, Champignons und Ananas-Stücke in eine Schüssel geben, mit der Soße übergießen und gut vermischen. Eine Stunde im Kühlschrank ziehen lassen.

Vor dem Servieren nochmals abschmecken und in 4 Schalen füllen. Die zweite Zitrone in Scheiben schneiden. Jede Cocktail-Schale mit einem Dillzweig und einer Zitronen-Scheibe garnieren.

Rindersteaks
in Pfefferrahm-Soße

4 Rinderfiletsteaks (à 200 g)
10 g eingelegter grüner Pfeffer
100 g Crème fraîche
1/2 TL Salz
4 EL Öl
1 TL Senf
2 TL Weinbrand
1/2 TL gekörnte Brühe

1.

Die Steaks salzen und das Öl in einer Pfanne
erhitzen. Die Steaks darin von jeder Seite
kurz anbraten; aus der Pfanne nehmen und
warm stellen.

2.

Den Weinbrand zum Bratensud geben und
gut verrühren.

3.

Die Pfefferkörner zerdrücken und mit dem
Senf, der gekörnten Brühe und der Crème
fraîche dazugeben. Alles gut verrühren und
kurz aufkochen lassen.

4.

Die Steaks in die Soße geben.

Dazu passen grüne Bohnen und Flûtes.

Vanille-Eis
mit heißen
Himbeeren

200 g Himbeeren (frisch oder Konserve)
12 Bällchen Vanille-Eis

1.

Das Eis auf vier Eisbecher verteilen.

2.

Die Himbeeren in einem kleinen Topf
erwärmen und über die Eiscreme verteilen.

19. Menü

Carsten Wehmeyer,
Riegelsberg

Gefüllte Rigatoni

*

Kaninchen-rücken

mit warmem Gemüse - Salat

*

Beeren - Gelee mit Amaretto - Sabayon

Gefüllte Rigatoni

250 g Rigatoni
250 g Lachs-Filet (TK)
1 Eigelb
150 ml Sahne
Kerbel
Öl
Fisch-Fond
Pfeffer
Salz

1.
Die Rigatoni in reichlich Salzwasser mit einem Schuß Öl bißfest kochen. Abschütten und gut abtropfen lassen.

2.
Das angetaute Fisch-Filet in Würfel schneiden und mit dem Eigelb pürieren. Dabei langsam die eiskalte Sahne zugießen. Mit Salz und Pfeffer würzen und in einen Spritzbeutel geben. Die Rigatoni mit der Masse füllen.

3.
Im Fisch-Fond nochmals kurz garziehen, mit Kerbel garnieren und mit etwas Brühe servieren.

Tip: Die Rigatoni schmecken auch mit heißer Butter und gerösteten Pinienkernen.

Kaninchen-rücken

mit warmem Gemüse-Salat

1 Kaninchenrücken mit Fleischlappen
Schweinsnetz in Essigwasser gewässert
und ausgedrückt (beim Metzger bestellen)
500 g Feingemüse (TK)
100 g Champignons
1 Schalotte
Butterschmalz
200 g Hähnchenbrust
100 g Crème fraîche
1 Scheibe Toast-Brot ohne Rinde
2 cl Cognac
2 cl Sherry
100 g Karotten
100 g Sellerie
200 ml kräftiger Rotwein
200 ml Kalbs-Fond aus dem Glas
1 Knoblauchzehe
Tomatenmark
Lorbeer-Pulver
Basilikum
Kerbel
Pfeffer
Salz

1.
Die Knochen vom Kaninchenrücken auslösen (evtl. vom Metzger machen lassen) und das Fett entfernen. Mit Pfeffer und Salz würzen.

2.
Die Pilze säubern und die Schalotte schälen; beides kleinschneiden und im Butterschmalz glasig dünsten und abkühlen lassen.

3.
Die Hähnchenbrust mit einem gestoßenen Eiswürfel pürieren. Die Crème fraîche langsam zugießen und mit dem Ei sowie Toast, Kräutern, Pilzen und Schalotten fertig pürieren.

4.
Das Püree mit Cognac, Sherry, Salz und Pfeffer würzen. Den Kaninchenrücken damit bestreichen. Mit den Fleischlappen zu einer Wurstrolle formen und in das Schweinsnetz einschlagen.

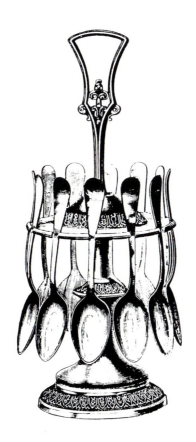

5.
Den Rücken in einer heißen Pfanne von allen Seiten anbraten und im Backofen 15 Minuten bei 230° fertiggaren.

6.
Gemüse in Fleischbrühe knackig garen und warm mit einer Vinaigrette mischen.

7.
Für die Soße das Gemüse in Butterschmalz hell anrösten.

8.
Mit Rotwein ablöschen, den Fond zugießen und mit der zerdrückten Knoblauchzehe sowie dem Lorbeer-Pulver würzen. Bei großer Flamme ein Drittel einkochen lassen.

9.
Die Soße mit dem Mixstab pürieren und mit Tomatenmark, Salz und Pfeffer würzen.

Beeren-Gelee mit Amaretto-Sabayon

500 g frische, verschiedene Beeren
4 Blatt weiße Gelatine
250 ml Fruchtsaft nach Geschmack
4 cl Orangen-Likör
2 Eier
30 g Zucker
4 cl Amaretto

1.
Die Beeren waschen, gut abtropfen lassen und eventuell zerkleinern.

2.
Die Gelatine in kaltem Wasser quellen lassen, ausdrücken, in etwas heißem Fruchtsaft auflösen und mit dem restlichen Fruchtsaft sowie dem Orangenlikör mischen.

3.
In Portions-Förmchen etwas Saft steif werden lassen. Die Beeren einfüllen und mit dem restlichen Saft bedecken. Bis zum Gelieren kaltstellen.

4.
Für den Sabayon die Eier und den Zucker im Wasserbad dickschaumig schlagen. Zum Kochen kommen lassen und von der Kochstelle nehmen.

5.
Mit Amaretto abschmecken und in Eiswasser kaltschlagen.

6.
Beerengelee stürzen und den Sabayon mit Kleingebäck dazu servieren.

20. Menü

Gerlinde Kasper,
Wadern

Sommer - Salat - Teller

✳

Pfeffer - Filet
Zucchinigemüse mit Kartoffeln und feiner Überraschungssoße

✳

Frische Beeren der Saison mit Weinschaumsoße

Sommer - Salat - Teller

1 kleiner Kopfsalat
8 Radieschen
4 hartgekochte Eier
4 kleine Tomaten
1/3 Salat-Gurke
2 Zwiebeln
1 kleine Dose weißer Thunfisch (200 g)
Petersilie

Für die Marinade:
1 Zweig frischer Estragon
2 TL Kräutersenf
4 EL Weinessig
6 EL Olivenöl
Salz
frischer Pfeffer
Muskat
getrocknete Dillspitzen

1.
Die Radieschen in Scheiben schneiden, die
Eier vierteln, die Tomaten achteln und die
Gurke sowie die Zwiebeln in dünne Schei-
ben schneiden

2.
Den Kopfsalat waschen, in mundgerechte
Stücke zerkleinern und auf Tellern anrich-
ten.

3.
Die vorbereiteten Zutaten geschmackvoll
auf den Salat-Blättern verteilen. Den Thunfisch mit etwas Öl und Saft aus der Dose in
der Mitte plazieren. Mit Petersilie garnieren.

4.
Die Zutaten für die Marinade mischen und
getrennt dazu servieren.

Pfeffer-Filet
Zucchinigemüse mit Kartoffeln und feiner Überraschungssoße

Für das Filet:
800 g Schweine-Filet
Salz
frischer Pfeffer
2 TL Öl
1 Knoblauchzehe
1 EL grüne Pfefferkörner aus dem Glas
2 EL Butaris
250 ml helles Bier
2 EL Senf

Für das Gemüse:
600 g Zucchinis
500 g Kartoffeln
3 EL Butaris
1 Zwiebel
4 EL Gemüsebrühe
Saft einer halben Zitrone
2 große Möhren
1 Prise Zucker
Salz
Pfeffer
2 EL gehackte Petersilie

Für die Soße:
6 Eigelb
12 EL Wasser
2 EL Wein
60 g weiche Butter
Zitronensaft (frisch)
Muskat
Salz
Pfeffer

1.
Das Fleisch mit Salz und Pfeffer einreiben.

2.
Die Knoblauchzehe schälen und sehr fein hacken. Die Pfefferkörner zerdrücken. Beides kurz in dem heißen Öl durchschwenken und abkühlen lassen. Anschließend den Senf unterrühren und das Filet mit der Masse rundum einstreichen.

3.
Die Butter in einem Bräter erhitzen und das Fleisch darin von allen Seiten anbraten. Mit Bier aufgießen und 30 Minuten im vorgeheizten Backofen bei 200° braten.

4.
Die Zucchinis in kleine Würfel schneiden. Die Kartoffeln schälen und ebenfalls klein würfeln. Zwiebel und Knoblauchzehe fein hacken.

5.
Butaris in einer Pfanne erhitzen und darin die Kartoffel-Würfel bei mittlerer Hitze unter ständigem Rühren fünf Minuten braten.

6.
Zwiebel und Knoblauch dazugeben und glasig braten. Anschließend die Zucchinis hinzufügen und mitbraten, bis sie rundum leicht gebräunt sind.

7.
Gemüsebrühe zugießen und das Gemüse bei schwacher Hitze fünf bis sieben Minuten zugedeckt garen.

8.
Inzwischen die Möhren schälen, grob raspeln und zum Gemüse geben. Das Ganze mit Zitronensaft beträufeln, würzen und mit Petersilie garnieren.

9.
Eigelb, Wasser und Wein in einer Schüssel verrühren und in kochendem Wasserbad mit einem Schneebesen kräftig schlagen, bis die Soße dicklich wird. Die Butter nach und nach darunterschlagen, bis sie sich aufgelöst hat.

10.
Die Soße würzen, aber nicht mehr erhitzen, da sie leicht gerinnt.

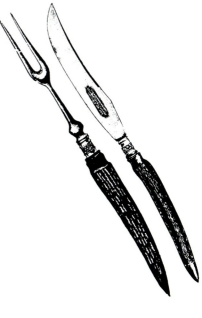

Frische Beeren der Saison mit Weinschaumsoße

600 g frische, gemischte Beeren (Erdbeeren, Brombeeren, Himbeeren, Johannisbeeren, Stachelbeeren)
6 Vollkornkekse
3 EL Cognac
2 Eigelb
1-2 EL Zucker
250 ml Weißwein
einige Johannisbeer-Blätter

1.
Die Beeren mischen und auf Dessert-Tellern anrichten.

2.
Die Kekse grob zerbröseln und über die Beeren streuen; den Cognac darüber träufeln.

3.
Eigelb je nach Geschmack mit ein bis zwei Eßlöffeln Zucker und dem Wein in eine Schüssel geben und über einem warmen Wasserbad zu einer dicken, schaumigen Creme aufschlagen.

4.
Die Creme über die eine Hälfte der Beeren verteilen und mit Johannisbeer-Blättern dekorieren.

21. Menü

Gertrud Schwöbel,
Bliesransbach

Herrensüppchen

✳

Sommersonnen-Pastete

✳

Waffeln Bella Sofia

Herrensüppchen

1 l Wasser
250 g Bratwurst
1 Bund Schnittlauch
1 Ecke Kräuter-Schmelzkäse
Muskatnuß
Thymian
Pfeffer
Salz

1.
Die Bratwurst als kleine Klößchen aus dem Darm in kochendes Salzwasser drücken. Zehn Minuten sieden lassen.

2.
Den Schmelzkäse einrühren und die Suppe mit den Gewürzen abschmecken.

3.
Den Schnittlauch in Röllchen schneiden und darübergeben. Rasch servieren.

Sommersonnen- Pastete

500 g Hackfleisch
100 g Oliven
100 g Sesam
200 g gewürfelter Schweizer Käse
100 g Mandelplättchen
100 g altes Kornbrot
2 kleine Eier
etwas Semmelbrösel
Paprikapulver
Pfeffer
Salz

1.
Das Kornbrot einweichen und gut ausdrücken.

2.
Das Hackfleisch mit allen Zutaten gut durchmischen und mit Salz, Pfeffer und Paprikapulver abschmecken. Zum Schluß den gewürfelten Käse untermengen.

3.
In eine gefettete Kastenform füllen und 60 Minuten bei 180° goldgelb backen.

Dazu schmeckt Püree, Mais- und Erbsengemüse, das mit Zwiebeln übergossen wird, die zuvor in Butter gedünstet wurden. Auch ein knackiger Sommer-Salat sollte nicht fehlen.

Waffeln Bella Sofia

50 g Butter
60 g Mehl
30 g Zucker
1 Ei
30 g Sonnenblumenkerne
Aprikosenhälften
Bittermandelaroma
etwas Milch
Schlagsahne
1 TL Backpulver

1.
Butter, Zucker und Ei schaumig rühren. Die anderen Zutaten nach und nach dazugeben. Der Teig sollte etwas dickflüssig sein

2.
Die Waffeln goldgelb backen.

3.
Mit je zwei Aprikosenhälften belegen und mit Schlagsahne garnieren.

22. Menü

Gudrun Wagner,
Kleinblittersdorf

Sauerampfer-Rahmsuppe

✻

Hähnchenbrüste

im Schweinenetz
mit Estragonsoße,
Haselnußspätzle
und Möhrenflan

✻

Rhabarber-Sahne-Torte

Sauerampfer-Rahmsuppe

200 g Sauerampfer
750-1000 ml Brühe
10-20 g Butter
1 Schalotte
etwas Salz
Zucker
1 Eigelb
150-200 ml Sahne
frischer, schwarzer Pfeffer

1.
Die Schalotte kleinschneiden und in der Butter anziehen lassen.

2.
Den Sauerampfer ohne Stiele zur Schalotte geben, zugedeckt dünsten, bis er zusammenfällt.

3.
Mit Brühe aufgießen, etwas durchkochen lassen, würzen und mit dem Schneidstab pürieren.

4.
Eigelb und Sahne mischen, unterrühren - nicht mehr kochen. Eventuell mit etwas Zucker abschmecken und wenig schwarzen Pfeffer darüberstreuen.

Hähnchenbrüste

im Schweinenetz
mit Estragonsoße,
Haselnußspätzle
und Möhrenflan

Für die Hähnchenbrüste:
4 mittelgroße Hähnchenbrüste
Gewürzsalz
10-20 g Butter
Maggi
Schweinenetz (gut gewässert)

Für die Soße:
20 g Butter
1 TL Mehl
125 ml Brühe
Sahne
Estragon (nach Geschmack)

Für die Spätzle:
100 g Haselnußkerne
100 g Mehl
Salz
5 Eier
1 Bund Thymian
40 g Butter

Für den Möhrenflan:
500 g Möhren
20 g Butter
1 Schalotte (gewürfelt)
Pfeffer
Salz
geriebene Muskatnuß
1 EL Wasser
100 ml Sahne
2 große Eier
1 Eigelb

1.
Die Hähnchenbrüste würzen und vier Stücke vom Schweinenetz ausbreiten. Das Fleisch darin einschlagen und die überstehenden Reste abschneiden.

2.
Die Butter in einer Pfanne erhitzen, das Fleisch einlegen, zudecken und auf jeder Seite drei Minuten braten.

3.
Das Fleisch aus der Pfanne nehmen, auf Küchenkrepp legen und das Schweinenetz entfernen. Die Hühnerbrüste in schräge Scheiben schneiden und warmhalten.

4.

Für die Soße die Butter zerlassen, das Mehl zufügen und gut verrühren - nicht bräunen lassen.

5.

Die Brühe nach und nach zugießen und gut durchschlagen. Anschließend Sahne und Estragon dazugeben - nicht mehr kochen. Die Soße als Spiegel auf die Teller geben und die Hühnerbrust darauf setzen. Mit Tomatencoulis und Estragon garnieren.

6.

Für die Haselnußspätzle die Haselnüsse fein mahlen und in einer Pfanne ohne Fett hellbraun rösten. Mit dem Mehl und einem halben Teelöffel Salz vermischen.

7.

Die Eier unterrühren und den Teig 20 Minuten quellen lassen.

8.

Den Teig portionsweise in kochendem Salzwasser zwei Minuten garen.

9.

Die Thymianblätter von den Stielen zupfen. Die Butter in einer großen Pfanne schmelzen und den Thymian sowie die Spätzle darin wenden.

10.

Für den Möhrenflan die Möhren in Scheiben schneiden und die Schalotte würfeln.

11.

Die Schalotte in der Butter glasig dünsten und die Möhren zugeben. Das Ganze mit Salz, Pfeffer und Muskat würzen. Ein Eßlöffel Wasser dazugeben und zugedeckt bei milder Hitze 20 Minuten dünsten.

12.

Die Möhren mit einem Schneidstab pürieren und dabei die kochende Sahne eingießen.

13.

Anschließend die geschlagenen Eier unter das Püree arbeiten.

14.

Vier bis sechs Flanformen mit Butter ausstreichen, die Masse bis einen Zentimeter unter den Rand einfüllen und in eine mit Wasser gefüllte Fettpfanne setzen.

15.

Im Ofen bei 200° 30 bis 35 Minuten stocken lassen.

Rhabarber-Sahne-Torte

175 g Mehl
300 g Zucker
20 g Kokosraspel
75 g Margarine oder Butter
2 getrennte Eier
25 g Speisestärke
1 EL Erdbeerkonfitüre
750 g Rhabarber
1 geriebene Zitronenschale
6 Blatt rote Gelatine
6 Blatt weiße Gelatine
600 ml Schlagsahne
2 Päckchen Vanillepulver

1.

125 g Mehl, 40 g Zucker, Kokosraspel und Butter zu einem Mürbeteig verarbeiten. 30 Minuten kühl stellen.

2.

Den Boden einer Springform mit dem Teig auslegen und 10 Minuten bei 200° backen.

3.

Eigelb, zwei Eßlöffel Wasser und 60 g Zucker schaumig rühren. Das Eiweiß zu steifem Schnee schlagen und auf die Eigelb-Masse geben. Das restliche Mehl und die Speisestärke darübersieben. Alles vorsichtig unterziehen.

4.

Die Konfitüre mit einem Teelöffel Wasser verrühren und auf den heißen Boden streichen. Die Bisquit-Masse darauf verteilen und weitere zehn bis zwölf Minuten backen. Abkühlen lassen.

5.

Den Rhabarber putzen und in Stücke schneiden. Die Zitronenschale und den restlichen Zucker dazugeben. Das Ganze fünf Minuten dünsten.

6.

Die Gelatine in kaltem Wasser einweichen, ausdrücken und im heißen Rhabarber auflösen. Abkühlen lassen.

7.

Die Sahne mit dem Vanille-Zucker steif schlagen. Vier Eßlöffel abnehmen und in einen Spritzbeutel füllen. Die restliche Sahne unter die halbsteife Rhabarber-Masse heben.

8.

Den Tortenboden auf einen Kuchenteller legen, mit dem Springformrand umstellen und die Masse auf dem Boden glattstreichen.

9.

Torte zugedeckt im Kühlschrank fest werden lassen. Torte anschneiden und jedes Stück mit einem Sahnetupfer garnieren.

23. Menü

Inge Glaus,
Beckingen

Birnen mit
Krabben-Salat

✳

Schweine-
medaillons
in Calvados

✳

Mandarinen
mit
Marzipansoße

Birnen mit
Krabben-Salat

4 reife Birnen (nicht zu süß)
1 Zitrone
1 Gläschen Birnengeist
2 Tomaten
200 g Krabbenfleisch
1/2 Becher Joghurt
1 EL Mayonnaise
Pfeffer
Salz Cayenne-Pfeffer
1 Bund Dill
1 Prise Zucker

1.
Die Birnen waschen und längs halbieren.
Das Kerngehäuse und etwas vom Frucht-
fleisch herausschneiden. Die Birnen mit
Zitronensaft und Birnengeist beträufeln.

2.
Die Tomaten enthäuten, vierteln und fein
würfeln. Das Birnenfleisch ebenfalls würfeln. Krabben, Tomatenwürfel und Birnen-
würfel mischen. Die Birnenhälften damit
füllen.

3.
Den Joghurt mit Mayonnaise, Pfeffer, Salz,
Zucker, Cayenne-Pfeffer und Dill verrühren.

4.
Die Soße über die gefüllten Birnenhälften
gießen. Fertig.

Schweine-medaillons in Calvados

700 g Schweine-Filet
100 g Butter
200 g Champignons
1 Likörglas Calvados
200 g Crème fraîche
Kerbel
Mehl
Pfeffer
Salz

1.
Das Schweine-Filet in gleich große Stücke schneiden, würzen und leicht in Mehl wälzen.

2.
Die Butter in einer Pfanne zerlaufen lassen und die Medaillons darin saftig braten.

3.
Die Champignons in dünne Scheiben schneiden und zu dem Fleisch geben, wenn es halb durch ist (Druckprobe). Pfanne zudecken und etwas dämpfen lassen.

4.
Mit Calvados ablöschen. Crème fraîche hinzufügen, kleingehackten Kerbel einstreuen und weitere 5 Minuten ziehen lassen.

Dazu passen hervorragend überbackener Broccoli und Hausmacher Nudeln.

Mandarinen mit Marzipansoße

6 Mandarinen
Marzipanlikör
Puderzucker
Mandelplättchen

1.
Vier Mandarinen schälen, in Spalten teilen und die weiße Haut entfernen.

2.
Die Spalten mit einem scharfen Messer einmal längs durchschneiden und mit den Schnittflächen nach oben in Servierschälchen verteilen.

3.
Die restlichen zwei Mandarinen auspressen. Den Saft mit dem Marzipanlikör und dem Puderzucker verrühren und über die Portionen gießen.

4.
Die Mandelplättchen in einer Pfanne goldbraun rösten und zum Schluß über das Dessert streuen.

24. Menü

Edeltrud Kolmen-Hünkel,
Saarbrücken

Gurkensuppe

❋

Putenbrust
mit Apfel-
Möhren-Gemüse

❋

Limetten-
Parfait

Gurkensuppe

1 Gurke (400 g)
1 Knoblauchzehe
750 ml Fleischbrühe
1/2 Zitrone
frische Kräuter nach Wahl
200 ml Rahm oder Sahne
Crème fraîche
Petersilie
Pfeffer
Salz

1.
Die Gurke schälen, entkernen und in Würfel schneiden. Die Würfel salzen und eine Stunde ziehen lassen. Danach abgießen oder eventuell abspülen.

2.
Die halbe Zitrone auspressen. Zitronensaft, Gurkenwürfel, Knoblauchzehe und Kräuter in einen Mixer geben und zu Mus pürieren. Das Mus in einen Kochtopf füllen.

3.
Die heiße Brühe nach und nach zugießen und zehn Minuten köcheln lassen.

4.
Mit schwarzem Pfeffer aus der Mühle abschmecken. Rahm oder Sahne langsam einrühren. Mit einem Klecks Crème fraîche und Petersilie servieren.

Putenbrust mit Apfel-Möhren-Gemüse

400 g festkochende Kartoffeln
400 g Möhren
1-2 große rote Äpfel
3 EL Zitronensaft
700 g Putenbrust
2 EL Öl
Pfeffer
Salz
40 g Butterschmalz
250 ml klare Brühe
2 EL Calvados
2 TL feine Hühnersuppen-Paste
glatte Petersilie

1.
Die Äpfel, Kartoffeln und Möhren waschen, schälen und in dünne Streifen schneiden. Die Äpfel sofort in Zitronensaft wenden und zugedeckt beiseite stellen.

2.
Die Putenbrust abtrocknen; rundherum leicht salzen und pfeffern. Das Fleisch anschließend in heißem Öl von allen Seiten gut anbraten und 20 Minuten fertig braten.

3.
Das Butterschmalz in einem großen Topf zerlassen. Kartoffel- und Möhrenstreifen hineingeben und mit Pfeffer und Salz würzen. Die Brühe aufgießen und das Ganze acht bis zehn Minuten dünsten. Kurz vor Ende die Apfelstücke dazugeben.

4.
Die Putenbrust aus der Pfanne nehmen, in Alufolie einschlagen und warm stellen.

5.
Bratensatz mit Calvados lösen. Hühnersuppen-Paste und 250 ml Wasser einrühren. Mit Pfeffer und Salz abschmecken.

6.
Das Gemüse auf einer Platte anrichten. Die Putenbrust in schräge Scheiben schneiden, auf das Gemüse legen und zum Schluß etwas Soße über das Fleisch geben. Die restliche Soße getrennt servieren. Nach Geschmack mit der Petersilie garnieren.

Limetten-Parfait

250 ml Milch
4 Limetten
3 Eigelb
125 g Zucker
200 ml Schlagsahne
1 Packung Himbeeren (TK)
etwas Melisse
Puderzucker

1.
Die Limetten auspressen. Das Eigelb und 100 g Zucker cremig schlagen; den Limettensaft zugießen.

2.
Die Milch erwärmen und nach und nach unter die Masse rühren, bis sie dicklich wird.

3.
Die Sahne steif schlagen und unter die Creme rühren. In eine Kastenform (20 cm) geben und über Nacht frieren.

4.
Von den aufgetauten Himbeeren einige beiseite legen. Den Rest pürieren, durch ein Sieb streichen und mit dem übrigen Zucker abschmecken.

5.
Die Kastenform in heißes Wasser halten, das Parfait stürzen und in Scheiben schneiden.

6.
Das Himbeer-Püree auf Dessert-Teller verteilen und die Parfaitscheiben darauflegen. Mit Himbeeren, Melisse und Limettenscheiben oder -raspeln garnieren. Zum Schluß mit Puderzucker bestäuben.

25. Menü

Siglinde Röhrig,
Ottweiler

Kalte Tomatensuppe mit Basilikum

✳

Schweine-Koteletts mit Honig,
Kartoffelplätzchen und Selleriesalat mit Kräutersoße

✳

Marinierte Beeren mit Zimt-Zabaione

Kalte Tomatensuppe mit Basilikum

1 große Zwiebel
60 g Butter
750 g Tomaten
750 ml Hühnerbrühe
Salz
schwarzer Pfeffer
1 Prise Zucker
4 EL gehacktes Basilikum

1.
Die Tomaten mit kochendem Wasser übergießen, häuten, entkernen und in Stücke schneiden.

2.
Die Zwiebel schälen, fein hacken und in Butter glasig schwitzen. Die Tomatenstücke dazugeben, einige Minuten mitdünsten und schließlich mit Brühe aufgießen.

3.
Das Ganze zum Kochen bringen und 20 Minuten leise köcheln lassen. Mit Pfeffer, Salz und Zucker abschmecken.

4.
Die Suppe durch ein feines Sieb passieren und abkühlen lassen. Zehn Minuten vor dem Servieren die Basilikum-Blätter einrühren.

Die Suppe schmeckt am besten gut gekühlt oder richtig kalt.

Schweine-Koteletts mit Honig,
Kartoffelplätzchen und Selleriesalat mit Kräutersoße

Für die Schweine-Koteletts:
4 Schweine-Koteletts
3 EL Honig
3 EL gehackter Majoran
3 EL gehackter Thymian
schwarzer Pfeffer
Salz
Saft einer halben Zitrone

Für die Kartoffelplätzchen:
600 g mehlig kochende Kartoffeln
2 Eier
1 Zwiebel
2 EL gehackte Petersilie
Salz
schwarzer Pfeffer
Muskatnuß

Für den Salat:
1 Sellerieknolle (500 g)
150 g Mayonnaise
(hausgemacht oder fertig)
150 g Joghurt
2 hartgekochte Eier
1 TL Dijon-Senf
schwarzer Pfeffer
Salz
1 EL gehackter Dill
1 EL gehackter Schnittlauch
1 EL gehackte Petersilie

1.
Die Koteletts auf beiden Seiten mit Honig bestreichen. Die gehackten Kräuter mischen und die Koteletts damit gleichmäßig bestreuen. Mit Salz und Pfeffer würzen und mit Zitronensaft beträufeln.

2.
Das Fleisch von jeder Seite fünf Minuten scharf anbraten und dann je nach Dicke fünf bis zehn Minuten bei mäßiger Hitze durchbraten.

3.
Die rohen Kartoffeln reiben, in einem Sieb auffangen und gut abtropfen lassen. Fest auspressen.

4.
Die Kartoffel-Masse in eine Schüssel geben und mit den übrigen Zutaten gut verrühren.

5.
In einer Pfanne reichlich Öl erhitzen, eßlöffelgroße Portionen der Masse hineingeben und zu dünnen Plätzchen ausbacken.

6.
Für den Salat die Mayonnaise mit dem Joghurt mischen und cremig rühren.

7.
Das Eigelb mit dem Senf zerdrücken und ebenfalls mit der Mayonnaise verrühren. Mit Salz und Pfeffer abschmecken und die gehackten Kräuter hineinmischen.

8.
Den Sellerie schälen, grob raspeln und mit der Soße vermischen.

Marinierte Beeren mit Zimt-Zabaione

300 g Erdbeeren (frisch oder TK)
300 g Blaubeeren (frisch oder TK)
300 g Himbeeren (frisch oder TK)
60 g Zucker
2 EL Aprikosengeist
die abgeriebene Schale einer Limette oder einer Zitrone
1-2 EL Limettensaft oder Zitronensaft
6 Eigelb
4 EL Weißwein
250 ml Schlagsahne
2 EL Aprikosenlikör
1 TL Zimt

1.
Die Beeren in eine Schüssel geben, mit der Hälfte des Zuckers, dem Aprikosengeist, der Limettenschale und dem -saft marinieren. Zugedeckt an einem warmen Ort 30 Minuten ziehen lassen.

2.
Das Eigelb mit dem Weißwein, der Sahne, dem Aprikosenlikör, dem Zimt und dem restlichen Zucker verrühren. Bei milder Hitze bis kurz vor dem Kochen zu einer dicklichen Creme aufschlagen. Die Zabaione zu den Beeren servieren.

26. Menü

Vinzenz Altmeyer,
Elm

Pfifferling-Suppe mit Schinkenspeck

✳

Geschmorte Lammkeule in Pernod-Soße,

Petersilie-Kartoffeln, Blumenkohl mit Semmelbrösel und gemischter Salat

✳

Beschwipste Früchte mit Vanille-Eis

Pfifferling-Suppe mit Schinkenspeck

100 g Pfifferlinge
50 g Schinkenspeck
1 Zwiebel
500 ml helle Soße
2 EL gehackte Kräuter
2 EL Margarine
250 ml Weißwein
2 Gläschen Kirschwasser
1 Lorbeerblatt
Crème fraîche
Pfeffer
Salz

1.
Die Pfifferlinge waschen und die Zwiebel kleinhacken. Beides zusammen in der Margarine dünsten.

2.
Den Schinkenspeck in feine Streifen schneiden und dazugeben.

3.
Mit Weißwein löschen und mit Wasser auf einen halben Liter auffüllen.

4.
Die helle Soße einrühren und aufkochen lassen.

5.
Mit Crème fraîche und den Gewürzen abschmecken und zum Schluß mit Kirschwasser abschmecken.

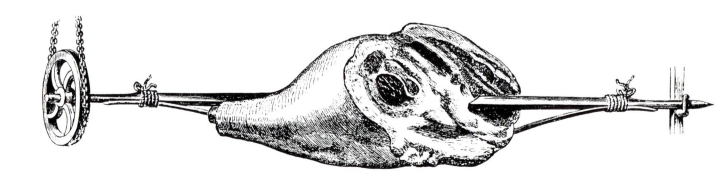

Geschmorte Lammkeule in Pernod-Soße,

Petersilie-Kartoffeln, Blumenkohl mit Semmelbrösel und gemischter Salat

Für die Lammkeule:

1500 g Lammkeule
2 Zwiebeln
3 Knoblauchzehen
2 Karotten
1/2 Sellerie
1 Stange Lauch
Rotwein
1 Päckchen Bratensoße
2 EL Tomatenmark
1 EL Margarine
Öl

Für die Beilagen:
Kartoffeln (Menge nach Bedarf)
Petersilie
1 Blumenkohl
Semmelbrösel
Butter

Für den Salat:
1 Beutel Mischsalat
1 Zwiebel
Petersilie
Crème fraîche
1 Knoblauchzehe
Senf
Essig
Öl
Pfeffer
Salz

1.
Die Lammkeule am Vortag mit allen Gewürzen, den Kräutern und dem Knoblauch gut würzen und in Rotwein einlegen.

2.
Die Keule gut abtupfen, in heißem Öl anbraten, herausnehmen und in eine feuerfeste Form oder einen Bräter legen.

3.
Das Gemüse und die Zwiebeln kleinschneiden und mit der Margarine im Bratenfett dünsten. Tomatenmark dazugeben und mit Rotwein ablöschen. Das Ganze zu der Keule geben und im Backofen 90 Minuten bei 180° schmoren.

4.
Den Bratensud mit der Bratensoße binden und nochmals abschmecken. Zum Schluß nach Geschmack Pernod dazugeben.

5.
Die Kartoffeln schälen, würfeln und in Salzwasser garkochen. Mit Petersilie bestreuen.

6.
Den Blumenkohl am Stück in Salzwasser weichkochen und auf eine Servierplatte legen.

7.
Die Semmelbrösel in Butter bräunen und über den Blumenkohl streuen.

8.
Den Salat gut waschen und abtropfen lassen.

9.
Die Zwiebel und die Knoblauchzehe hacken. Mit dem Essig, dem Öl, dem Senf sowie Pfeffer, Salz und Crème fraîche eine Marinade bereiten. Am Schluß den Salat dazugeben und mischen.

Beschwipste Früchte mit Vanille-Eis

Vanille-Eis
1 Dose Pfirsiche
1 Dose Kirschen
2 EL Butter
100 g Zucker
Orangensaft
250 ml Grand Marnier
2 EL Rum

1.
Den Zucker schmelzen, die Butter dazugeben und mit Orangensaft ablöschen.

2.
Pfirsiche, Kirschen und Grand Marnier hinzufügen. So lange köcheln, bis der Zucker wieder flüssig ist und die Früchte weich sind. Mit Rum verfeinern.

3.
Das Vanille-Eis portionieren und die heißen Früchte mit der Grand-Marnier-Soße darübergießen.

27. Menü

Lieselotte Hippchen,
Lebach

Weinsuppe mit Schneehaube

✳

Seezunge mit grünen Nudeln

in Soße von Cidre
und Trauben

✳

Rhabarbermus

mit Vanille-Eis
und Erdbeeren

Weinsuppe mit Schneehaube

500 ml Wasser
500 ml Mosel-Riesling
(fruchtig, halbtrocken)
1 EL Zitronensaft
30 g Mondamin
1-2 Eigelb
1-2 Eiweiß
1 EL Zucker
Zimt

1.
Das Wasser mit dem Zitronensaft zum Kochen bringen.

2.
Mondamin und Eigelb mit etwas Wein anrühren und in das Zitronenwasser gießen. Unter Rühren kurz aufkochen.

3.
Den übrigen Wein zugießen und nach Geschmack nachsüßen.

4.
Das Eiweiß zu Schnee schlagen und mit Zucker leicht süßen.

5.
Die Suppe auf tiefen Tellern anrichten, Schneehäubchen darauf legen und mit etwas Zimt bestreuen.

Seezunge mit grünen Nudeln
in Soße von Cidre und Trauben

600-800 g Seezungen-Filet
250 g kleine, helle, kernlose Trauben
150 ml Fischfond
250 ml Cidre (süß)
200 ml Rahm
1 EL Butter
1 EL Mehl
Zitronensaft
Pfeffer
Salz

1.
Die Fisch-Filets mit Pfeffer und Salz würzen.

2.
Fisch-Fond und Cidre in einer großen Pfanne aufkochen. Hitze reduzieren, die Filets hineinlegen und zugedeckt fünf Minuten ziehen lassen. Filets entnehmen und zugedeckt warmstellen.

3.
Den Sud absieben und auf die Hälfte einkochen. Den Rahm zugießen. Nochmals aufkochen und mit Salz und weißem Pfeffer aus der Mühle abschmecken.

4.
Butter und Mehl mit einer Gabel gut vermischen und mit einem Schneebesen unter die Soße rühren. Wieder aufkochen, bis die Soße leicht sämig ist.

5.
Die Trauben von der Rebe zupfen, waschen und in die Soße geben. Kurz durchziehen lassen. Die Fisch-Filets auf Tellern anrichten und die Soße darüber oder daneben geben.

Grüne Nudeln passen sehr gut zum Filet.

Rhabarbermus
mit Vanille-Eis und Erdbeeren

600 g Rhabarber
2 EL Zucker
4 große Kugeln Vanille-Eis
200 g Erdbeeren
Puderzucker
Minze-Blättchen

1.
Den Rhabarber schälen und in möglichst kleine Würfel schneiden. Mit dem Zucker dünsten.

2.
Die Erdbeeren waschen und halbieren. Den Rhabarber heiß auf tiefen Tellern anrichten. Eine Kugel Vanille-Eis in die Mitte geben und mit Erdbeeren einrahmen.

3.
Den Rand der Teller mit Puderzucker bestäuben und mit Minze-Blättchen garnieren.

28. Menü

Horst Schlicher,
Illingen

Paprika-Salat

✳

Büffelfleisch
mit überbackenem Blumenkohl

✳

Eisbecher Mallorca

Paprika-Salat

1 rote Paprikaschote
1 gelbe Paprikaschote
1 grüne Paprikaschote
3 Tomaten
1 kleine Dose Champignons
1 Zwiebel
1 Glas Sardellen-Filets
4 EL Öl
1 EL scharfer Senf
1 EL gehackte Petersilie
Essig
Pfeffer
Salz

1.
Die Paprikaschoten waschen, die weißen Teile wegschneiden und die Schoten in Streifen schneiden.

2.
Die Tomaten, die Zwiebel sowie die Champignons kleinschneiden und mit dem Paprika mischen.

3.
Aus Öl, Essig, Senf und Gewürzen eine Marinade bereiten und mit dem Salat vermischen.

4.
Zum Schluß mit Sardellen-Röllchen garnieren und mit gehackter Petersilie bestreuen.

Büffelfleisch
mit überbackenem Blumenkohl

Für das Fleisch:
1 kg Rindfleisch (Falsches Filet)
250 g Dörrfleisch
4 Zwiebeln
2 EL gehackte Petersilie
Muskat
Pfeffer
Salz
Aromat
Gewürzmischung 1 und 3 (von Maggi)

Für den Kohl:
1 Blumenkohl
50 g gewürfelten Schinken
30 g Reibekäse
Butter
Mehl
Fleischbrühe

1.
Das Rindfleisch in dünne Scheiben schneiden. Dörrfleisch und Zwiebeln würfeln.

2.
Dörrfleisch, Petersilie, Zwiebeln und Gewürze mischen. In einen großen Gußtopf eine Lage Dörrfleisch-Zwiebel-Mischung geben, darauf eine Lage Fleisch. Wiederholen bis alles aufgebraucht ist. Eine Lage Dörrfleisch-Zwiebel-Mischung muß den Abschluß bilden.

3.
Den Topf mit einer Folie verschließen und einen Deckel darauf legen. Drei Stunden bei 220° im Backofen garen.

4.
Den Blumenkohl bißfest kochen, in eine feuerfeste Form legen und mit dem gewürfelten Schinken bestreuen.

5.
Aus Fleischbrühe, Mehl und Butter eine helle Soße bereiten und über den Kohl gießen. Mit Reibekäse und Butterflöckchen bestreuen. Im Ofen überbacken.

Dazu schmecken Kroketten oder Fritten.

Eisbecher Mallorca

1 EL Butter
3 EL Zucker
Saft einer Orange
Saft einer halben Zitrone
300 g Himbeeren
2 Bananen
60 cl Rum
Fruchteis

1.
Den Zucker in der Butter gelb werden lassen.

2.
Zitrone und Orange auspressen, die Bananen in Scheiben schneiden. Den Saft, die Bananen-Scheiben und die Himbeeren zum Zucker geben. Alles kurz erhitzen.

3.
Den Rum darübergießen, flambieren und brennend über das Eis geben.

29. Menü

Monika Scherer,
Elversberg

Geflügel-Salat

❊

Schweinefilet
und
Exoten-Pfanne

❊

Joghurt-Quark
mit Früchten

Geflügel-Salat

400 g Putenbrust
2 Dosen Mandarinen
1 Dose Ananas
1 Dose Champignons
1 großer Becher Joghurt
Mayonnaise
Rahm
Cognac
Butter
Mandeln
Curry
Salz
Essig
Wein-Gewürz-Sud
Muskat
Pfeffer
Salatblätter

1.

Die Putenbrust in Wein-Gewürz-Sud aufkochen und 15 Minuten ziehen lassen. Erkaltet in feine Streifen schneiden

2.

Mandarinen, Ananas und Pilze gut abtropfen lassen und in kleine Stücke schneiden.

3.

Die Mandeln mit Butter und Curry aufschäumen, mit Cognac ablöschen, salzen und die Geflügelstreifen sowie die anderen kleingeschnittenen Zutaten untermischen. Erkalten lassen.

4.

Joghurt, Mayonnaise und Rahm mischen. Mit Pfeffer, Essig und Muskat abschmecken und unter den Salat mischen.

5.

Den Geflügel-Salat auf Salatblättern anrichten und servieren.

Schweinefilet und Exoten-Pfanne

Für das Filet:
800 g Schweinefilet
grüner Pfeffer
Cognac
Brasil Gewürz
Salz
Öl
Joghurt
Rahm
hellen Soßenbinder

Für die Exoten-Pfanne:
Geflügel Snacks
4 Bananen
2 Mangos
4 Kiwis
2 EL Butter
1 EL Zucker
Curry
1 Becher Rahm
1 Becher Joghurt

1.
Das Filet mit Brasil-Gewürz einreiben mit Cognac begießen und ein bis zwei Stunden ziehen lassen.

2.
Öl in einer Pfanne erhitzen und das Fleisch rundum anbraten. 15 Minuten bei geschlossener Pfanne garen. Es muß innen noch zart rosa sein. Salzen.

3.
Bratensatz mit Cognac ablöschen. Mit grünem Pfeffer, Joghurt, Rahm und Soßenbinder eine helle Soße bereiten und abschmecken.

4.
Das Filet herausnehmen, etwas ruhen lassen, in dicke Streifen schneiden und mit der Soße servieren.

5.
Für die Exoten-Pfanne die Butter und den Zucker in einer Pfanne karamelisieren und Curry dazugeben. Geflügel Snacks, Bananen, Kiwis und Mango darin anbraten. Mit Rahm ablöschen und mit Joghurt verfeinern. Zehn Minuten ziehen lassen.

Als Beilage schmeckt sehr gut Reis.

Joghurt-Quark mit Früchten

1 Päckchen Himbeeren (TK)
2 Dosen Mandarinen
2 Bananen
1 Birne
2 Äpfel
1 Orange
1 Zitrone
2 Lychees
Kornflakes, am besten Crunchy Nut
1 Becher Hüttenkäse
250 g Sahnequark
1 großer Becher Joghurt
1 Becher Rahm
1 Beutel Mandelplättchen
Grand Marnier Cream

1.
Die Zitrone auspressen, das Obst würfeln und abtropfen lassen. Das Obst mit dem Zitronensaft und dem Grand Marnier marinieren.

2.
Die Sahne schlagen und mit dem Quark sowie dem Joghurt mischen. Unter das Obst heben.

3.
Das Ganze mit Mandelplättchen und Crunchy Nut bedecken. Zum Schluß Grand Marnier darübergeben und kühlstellen.

30. Menü

Ute Michel,
Namborn

Sauerampfer-Suppe

✳

Putenschnitzel
mit Naturreis
und Paprika-Rahmgemüse

✳

Erdbeermilch
mit
Vanille-Eis

Sauerampfer-Suppe

150 g Sauerampfer
1/2 Zwiebel
1 l Gemüsebrühe
1 EL Butter
2 EL Crème fraîche
Schnittlauch
Salz

1.
Den Sauerampfer waschen und in feine Streifen schneiden. Die Zwiebel würfeln. Beides kurz in Butter andünsten und mit Gemüsebrühe auffüllen. Fünf Minuten köcheln.

2.
Die Suppe im Mixer pürieren, abschmecken und mit Crème fraîche verfeinern.

3.
Mit Schnittlauch und feingehacktem Sauerampfer garnieren.

Die Suppe kann auch etwas gebunden werden - ganz nach Geschmack.

Putenschnitzel
mit Naturreis
und Paprika-Rahmgemüse

Für die Putenschnitzel:
4 Putenschnitzel
Butaris
Pfeffer
Salz
Paprika

Für den Reis:
2 Tassen Naturreis
1 l Wasser
Salz
Schnittlauch

Für das Gemüse:
1 mittelgroße Zwiebel
2 Knoblauchzehen
100 g Lauch
500 g Paprika (grün, gelb, rot)
300 g Tomaten
3 EL Öl
2 TL gekörnte Gemüsebrühe
20 g Butter
100 g saure Sahne oder Crème fraîche
3 EL Schnittlauch
3 EL Petersilie
Pfeffer
Salz
Paprika

1.
Die Putenschnitzel mit Pfeffer und Paprika würzen.

2.
In Butaris von beiden Seiten scharf anbraten. Bei geschlossenem Deckel zwei Minuten braten und zuletzt salzen.

3.
Für den Reis das Wasser salzen und zum Kochen bringen. Den Reis zufügen und 35 Minuten quellen lassen. Mit Schnittlauch bestreut servieren.

4.
Für das Gemüse die Zwiebel und den Knoblauch fein würfeln. Den Lauch putzen, waschen und in feine Streifen schneiden. Den Paprika ebenfalls putzen, waschen und in ein Zentimeter breite Streifen schneiden. Auch die Tomaten waschen und würfeln.

5.
Alle Zutaten in einen Topf geben, Öl zufügen und zwei bis drei Minuten schmoren. Anschließend 20 Minuten zugedeckt dünsten.

6.
Gekörnte Gemüsebrühe, Butter und saure Sahne dazugeben. Mit den Gewürzen abschmecken und mit Kräutern bestreut servieren.

Erdbeermilch
mit
Vanille-Eis

250 g Erdbeeren
500 ml Buttermilch
2 EL Honig
4 Kugeln Vanille-Eis
200 ml Sahne
1 Päckchen Vanillin-Zucker

1.
Die Erdbeeren waschen und putzen. Zwei Beeren beiseite legen und die anderen im Mixer pürieren. Buttermilch und Honig dazugeben und gut vermischen.

2.
Die Erdbeermilch in Gläser füllen und das Eis hinzufügen.

3.
Die Sahne steif schlagen und auf die Gläser verteilen. Mit je einer halben Erdbeere garnieren und mit Strohhalm und Löffel servieren.

Mein Sommer-Menü

Mein Sommer-Menü

Mein Sommer-Menü

Mein Sommer-Menü

Mein Sommer-Menü

Mein Sommer-Menü

Mein Sommer-Menü

Mein Sommer-Menü

BÜCHER AUS DEM LEHNERT VERLAG

Kulinarisches:

Gerhard Bungert / Charly Lehnert:
Quer durch de Gaade

Das saarländische Suppenbuch.

Ein Kochbuch mit vielen Suppen-
rezepten, Geschichten und
Geschichte rund um den Suppentopf,
reich illustriert.

ISBN 3-926320-18-4
21 x 27 cm, gebunden,
120 S.

Sparda-Kochbuch:
Sommer-Menüs

Rezepte und Glossen
aus dem Saarland.

Ergebnisse des Wettbewerbs
der Sparda-Bank Saarbrücken eG
mit SR 3 Saarlandwelle.

ISBN 3-926320-34-6
21 x 27 cm, gebunden
104 S.

Sachbücher:

Günter Greff:
Telefon ABC

Glossen, Tips und
Randbemerkungen über das
wichtigste und umweltfreun-
lichste Kommunikationsmittel.
Ein amüsantes und lehrreiches
Geschenkbuch für Geschäftspartner
und Freunde des Telefonierens.

ISBN 3-926320-28-1
14,5 x 14,5 cm, broschiert

Kleine Saarland-Reihe

Alle Bände 14,5 x 14,5 cm,
broschiert, 84 Seiten.
Die Geschenkbücher dieser Reihe
sind die auflagenstärksten
Buch-Publikationen im Saarland.

Gerhard Bungert / Charly Lehnert:
Hauptsach es schmeckt

Dieses Buch enthält neben den
saarländischen Grundrezepten
auch mehrere Artikel und
Gedichte über
die kulinarische
Landschaft Saarland.
Illustrationen:
Werner Neumann
ISBN 3-926320-06-0

Gerhard Bungert / Charly Lehnert:
So schwätze mir

Ein Sprachführer für alle,
die schnell und konkret die
saarländische Hochsprache
erlernen wollen.
Die Sätze sind nach Situationen
geordnet.
Im Anhang: Eine Kurz-Grammatik.
Illustrationen: Werner Neumann

ISBN 3-926320-09-0

Gerhard Bungert / Charly Lehnert:
Mir sinn halt so

Ein Buch mit kurzen Texten und
Karikaturen über typische
Wesensmerkmale der saarländischen
Lebensart und Mentalität.
Illustrationen: Werner Neumann

ISBN 3-926320-07-9

Gerhard Bungert / Charly Lehnert:
Hann mir gelacht

Eine Sammlung saarländischen
Humors. Dazu zählen sowohl
traditionelle Episoden wie auch
Bergmannsgeschichten.
Illustrationen: Werner Neumann

ISBN 3-926320-08-7

Claudia Lehnert:
Aus Dibbe & Pann

Die beliebtesten Rezepte
aus der saarländischen Küche.
Kartoffel-Rezepte, Lyoner-Rezepte,
Suppen- und Eintöpfe, Salate,
Fleischrezepte, Süßes,
em Elsaß-Lothringische abgegucktes
und vieles mehr.
Illustrationen: Pat Thiebaut

ISBN 3-926320-31-1

Ria Seitz-Lehnert / Charly Lehnert:
Ixe-Dixe-Silwerglixe

Lustige und freche Reime
aus dem Saarland für „die Pänz“.
Reime beim Scherzen und
beim Spotten, beim Spielen,
Finger- und Abzähl-Reime,
Kettenreime und Zungenbrecher,
Reime zu Festtagen und beim
Entdecken der Umwelt,
Tier- und Kniereiter-Reime,
Trost- und Schlaf-Reime.
Illustrationen:
Pat Thiebaut
und Volker Schmidt

ISBN 3-926320-30-3

Große Saarlandreihe

Hans Jager:
Was isses?

Das saarländische Rätsel-Buch.

Mundart-Gedichte
von der „Saarbrigger Schniss“.
Unter diesem Namen ist der Autor
Hans Jager durch die Mundart-
Sendungen des Saarländischen
Rundfunks im Saarland und in den
angrenzenden Gebieten bekannt
geworden.
Illustriert von Volker Schmidt.

ISBN 3-926320-32-X
21 x 20,5 cm,
gebunden,
96 S.

Landeskunde und Geschichte

Gerhard Bungert / Charly Lehnert:

Vereine im Saarland

Eine kulturgeschichtliche,
populär-wissenschaftliche
Untersuchung über die Frage,
warum es im Saarland die
meisten Vereine gibt –
mit zahlreichen Fotos und
Informationen über die
Geschichte und die Ausprägungen
des saarländischen Vereinswesens.

ISBN 3-926320-05-2
21 x 27 cm, gebunden,
240 S.

Charly Lehnert / Claudia Lehnert:

Lebendiges Saarbrücken

Ein Stadtführer über die
saarländische Landeshauptstadt
mit zahlreichen Informationen
zu Stadtgeschichte, Kultur,
Wirtschaft, Sport, Freizeit usw.
Mit Hotel- und Gastronomie-Führer
und vielen Tips
für Rat- und Hilfesuchende.
Farbige Stadtpläne.

ISBN 3-926320-00-1
über 300 Abbildungen,
vierfarbig.
12 x 21 cm, broschiert, 316 S.

Charly Lehnert:

Wintringen

Wiederbelebung einer Wüstung
an der oberen Saar.

Die ehemalige fränkisch-
merowingische Siedlung an der
oberen Saar wurde bereits Mitte
des 15. Jahrhunderts zur Wüstung.
In dem reich bebilderten Buch
wird die Geschichte des Dorfes
und des Hofes Wintringen und
der dem Heiligen Wolfgang geweih-
ten gotischen Kapelle aufgezeigt.
Mit-Herausgeber des Buches
ist der Förderverein
Wintringer Kapelle e.V.

ISBN 3-926320-33-8
21 x 20,5 cm,
50 Abbildungen, Karten und Pläne,
broschiert, 72 S.

Erzählungen

Waltraud Schiffels

Saarbrücker Hexen

Erotische Geschichten.

Die eigentliche Heldin der
Erzählungen „Jodoka", bei der es
um Leben und Sterben der beiden
Saarbrücker Hexen geht,
die 1631 hingerichtet wurden,
der „Pygmalia", die
die Liebesgeschichte zwischen
einem Standbild und einer Hure
erzählt, und der „Legende vom Grund
des Geizes des geizigen Bäckers"
ist allemal die Landeshauptstadt
Saarbrücken selbst.
Mit Illustrationen der Autorin.

ISBN 3-926320-29-X
15 x 22 cm, gebunden,
128 S., mit Schutzumschlag

Anthologien:

Gerhard Bungert / Charly Lehnert:
(Herausgeber)

Das saarländische Weihnachtsbuch

Eine Anthologie mit Beiträgen von
39 saarländischen Autorinnen
und Autoren. Fotos von
Gerhard Heisler und Charly Lehnert.

ISBN 3-926320-13-3
21 x 29,7 cm, 90 S.

Das Mini-Geschenkbuch:

Gerhard Bungert:

Hundert Worte Saarländisch

(Grundwortschatz)

Das Geschenkbüchlein enthält
eine Zusammenstellung und
Erläuterung der 100 wichtigsten
saarländischen Mundartausdrücke.
Illustrationen: Kurt Heinemann

ISBN 3-926320-11-7
7,5 x 10,5 cm, broschiert,
36 S.

Reihe Saar-Lor-Lux:

Lucien Schmitthäusler:

Fabeln von de Mudder Essig

Essigsaure Geschichten aus
Lothringen –

Histoires acides de Lorraine.
Der Autor Schmitthäusler ist
Lothringer und lebt in Weyersheim
bei Straßburg, im Elsaß.
Er ist ein Denkmalpfleger der
Sprache und dichtet in lothringer
Mundart.
Illustriert von Pat Thiebaut.

ISBN 3-926320-26-5
21 x 20,5 cm, gebunden

Abenteuer-Romane:

Elmar Engel:

Hampitt Holbach's Odyssee Canada 1896 (Band 1)
(Vertrieb Lehnert Verlag)

Eine ebenso abenteuerliche,
wie humoristisch-hintergründige,
aber keineswegs erdachte
Erzählung von einem
saarländischen Bergmann,
der um die Jahrhundertwende
auszog, die Welt das Fürchten
zu lehren.

ISBN 3-8131-8211-8
15,7 x 20,5 cm, gebunden,
192 S.

Elmar Engel:

Hampitt Holbach's Odyssee Goldrausch am Yukon (Band 2)
(Vertrieb Lehnert Verlag)

Die Fortsetzung des Romans
Hampitt Holbach's Odyssee.

ISBN 3-485-08216-3
15,7 x 20,5 cm, gebunden,
192 S.

Elmar Engel:

Hampitt Holbach's Odyssee Hinter den blauen Bergen (Band 3)
(Erschienen im Lehnert Verlag)

ISBN 3-926-320-27-3
15,7 x 20,5 cm, gebunden,
206 S.